Todos los niños
pueden ser Einstein

Fernando Alberca de Castro

Todos los niños pueden ser Einstein

TOROMÍTICO
2011

Primera edición: abril de 2011

Colección: Biblioteca de padres y educadores
Editorial Toromítico
Edición de Antonio E. Cuesta López

Imprime: Gráficas La Paz

ISBN: 978-84-96947-79-5
Depósito Legal: J-322-2011
Hecho e impreso en España - *Made and printed in Spain*

A mi amigo Alberto.

A cada uno de mis alumnos en Huelva,
Cáceres, Zaragoza, Asturias y Córdoba.

A mis hijos.

«El aprendizaje es experiencia, lo demás es información.»

Albert Einstein

ÍNDICE

1

Einstein no sacaba buenas notas

Albert Einstein fue el genio más reconocido del siglo XX y uno de los más célebres de toda la historia. Según el prestigioso científico César Nombela, con la Teoría de la Relatividad formuló la última de las grandes leyes físicas del mundo... y puede que sea cierto. Su capacidad para explicar cómo la naturaleza no varía pese a la falta de destreza del observador —«*lo que el observador no ve*»—, le hizo imaginar la curvatura del espacio-tiempo, que supuso una forma nueva de describir la realidad, y un avance extraordinario que transformó nuestra visión del espacio y del tiempo, desplazando para siempre a la mecánica cuántica de Newton. Y todo ello lo hizo en las dificultades sociales y vitales de una época entre dos guerras mundiales; porque Albert fue mucho más que un Premio Nobel y uno de los mejores científicos de la historia de la Humanidad. Es un caso para descubrir «*lo que el observador no ve*».

En muchas ocasiones la grandeza intelectual y emocional de muchos niños pasa desapercibida por el «sistema», rígido y encorsetado. Como Einstein, muchos niños parecen abocados al fracaso, pero afortunadamente pueden evitarlo, porque como le gustaba repetir: «*Dios no juega a los dados*».

De pequeño era intelectualmente «lento». Tan lento que, según sus palabras, solo alguien que iba tan despacio hubiese sido capaz de elaborar una teoría como la de la relatividad:

> «*Un adulto normal no se inquieta por los problemas que plantean el espacio y el tiempo, pues considera que todo lo que hay que saber al respecto lo conoce ya desde su primera infancia. Yo, por el contrario, he tenido un desarrollo tan lento que no he empezado a plantearme preguntas sobre el espacio y el tiempo hasta que he sido mayor.*»

Cuando Albert nació, su madre pensó que era un ser deforme —debido al tamaño y forma de su cabeza, enorme y angulosa—, y retrasado mental —por su lentitud para comenzar a hablar—. Pero aquel niño, grueso y ensimismado, callado y gris, con el tiempo aprendió a poner en duda todo lo que los demás decían.

El padre de Albert, como muchos otros, no había podido estudiar porque su familia no contaba con los recursos económicos suficientes. Era un hombre apocado, influenciable, con poblado bigote —como luego imitara su hijo—, que fue de fracaso en fracaso. Bueno y pasivo, se acomodaba a las circunstancias. Querido por muchos, de gran corazón, tendía a la ensoñación... Soñar fue una cualidad, quizás la más importante de todas, que transmitió a su hijo. Su esposa, la madre de Albert, provenía de una estirpe donde la riqueza, el tesón y el éxito, eran fundamentales, y no soportaba la degradación económica a la que les conducían los sucesivos fracasos de su marido, bienintencionado y cabal, pero torpe y desmañado, según ella.

Cuando Einstein cumplió cuatro años su madre lo «abandonó» en medio de las calles más transitadas de Munich para asegurarse de que aprendía a volver a casa solo... tuvo que hacerlo en más de una ocasión.

A los cinco años le asignaron una profesora particular para ver si así lograba acceder al segundo grado en la escuela primaria. Era una profesora muy exigente y muy firme, que no soportaba las continuas excusas a las que Albert recurría continuamente.

El caso es que ser «abandonado» por las calles más pobladas de Munich, para que con cuatro años se las arreglara solo, no casaba demasiado con la necesidad de tener una profesora particular, para que le acompañara a realizar todas las tareas diarias. Le exigían independencia por un lado y dependencia al mismo tiempo. Libertad —poder elegir cómo llegar a casa— y obediencia ciega —obedecer sin pensar lo que propusiese la profesora particular.

Fue, según él mismo confesó: «*un niño solitario y soñador, que no encontraba fácilmente amigos*», que evitaba las peleas y siempre prefería los pasatiempos difíciles en solitario o los juegos de bloques de construcción, cualquier cosa antes que empatizar con los demás.

A menudo cogía rabietas, incluso en sus primeros años de colegio; otras veces era tan tranquilo que su cuidadora le puso el apodo de «*Pater Langweil*» (Padre Aburrimiento).

Hasta los nueve años no habló con fluidez. Aguantaba sus sentimientos y no los comunicaba, salvo con sus rabietas. En la música, afición de su madre, encontró uno de los pocos medios para expresar sus sentimientos. Einstein tocaba el violín. Su madre el piano. Nunca fue un violinista brillante, pero se esforzó hasta que el violín se convirtió en su compañero más fiel. Con él pensaba, resolvía problemas, se refugiaba... Pero no hablaba sobre su afición al violín, de lo que sentía al tocarlo. Según decía, su afición a la música era: «*escuchar, tocar, amar, reverenciar y cerrar la boca*».

Cuando tenía siete años matricularon a Einstein en una escuela primaria donde era el único judío. Según el testimonio de Einstein, eran sus compañeros de clase, no los profesores, los antisemitas.

En varias ocasiones soportó malos tratos cuando iba camino del colegio. Con frecuencia le atacaban y se burlaban de él. Le apodaban «*Biedermaier*» (*Buen Juan*) por su brusquedad.

Su hermana Maja escribió refiriéndose a aquella época: «*Su especial aptitud para las matemáticas era entonces desconocida. Ni siquiera era bueno en aritmética en el sentido de que fuese rápido y preciso, aunque sí perseverante.*»

A los nueve años ingresó en el Luitpold Gymnasium y vuelta a empezar. Einstein hablaba con amargura de su educación en esta nueva escuela. Allí era uno más entre los 1.130 alumnos sometidos al autoritarismo y a los métodos de educación mecánicos y aburridos. En aquella escuela tampoco logró adaptarse. Su profesor de griego se cubrió de gloria cuando afirmó que Einstein «*nunca llegaría a nada*». Le dijo que su actitud irrespetuosa era autodestructiva. Que sería mejor que se marchara.

Pese al apoyo que sí encontró en el profesor de Matemáticas, la educación fundamental de Einstein en esa época vino desde fuera de la escuela. Le rodeaban familiares adultos dedicados a las telecomunicaciones y la electrotecnología, entonces en la vanguardia de la tecnología. Su tío, que se había graduado en la Escuela de Ingeniería Politécnica, le introdujo en la geometría y el álgebra, enseñándole esta última como un alegre juego a la caza del animal «X».

También influyeron en él las lecturas de libros de divulgación científica que le facilitaba un estudiante de medicina judío y pobre, al que los padres habían dado protección. De los diez a los quince años Einstein tenía la oportunidad semanal de debatir sobre temas intelectuales y científicos con este singular compañero, Max Talmey. De aquellos libros, uno de los temas que más le llamó la atención fue la invisibilidad de las fuerzas que unifican el universo... casi nada.

Pero a sus quince años su familia se trasladó a Italia, y él se quedó solo en una pensión de Munich para acabar los estudios.

Sus padres anteponían los estudios de su hijo a tenerle cerca de ellos.

Falsificó y abandonó

Einstein abandonó de repente la escuela. No llegó a hacer los exámenes finales. Para poder huir presentó a los profesores un certificado médico falso, en el que se decía que Albert sufría de problemas nerviosos. Le ayudó un médico amigo muy «comprensivo». Lo cierto es que echaba de menos a sus padres y se sentía francamente triste.

Fracaso escolar

Sus padres se alarmaron por la transformación de su hijo en un fracasado escolar. Einstein, para tranquilizar a sus padres, intentó ingresar en la Escuela Politécnica Federal Suiza de Zurich. Actualmente la *Eidgenossiche Technische Hochschule* o *ETH*. Se propuso ser ingeniero o técnico electrotécnico. Albert prefería una carrera más teórica, pero su padre le dijo que se olvidara de «*esas tonterías filosóficas*», que buscara una profesión más sensata. Albert cedió amargamente.

La madre acudió a la influencia de una amistad para que le permitieran hacer el examen de ingreso en la Politécnica. La vida de Einstein habría enderezado su curso si hubiera aprobado... pero suspendió.

Una de las claves

Sacó muy mala calificación en las preguntas generales, pero destacó en las matemáticas y el profesor de esta materia, Heinrich

Weber, le invitó a asistir a sus clases como oyente. ¡Un profesor al fin dispuesto a valorarle!

Einstein se matriculó en la división técnica de la escuela cantonal de Aarau, a veinte millas de Zurich.

Tuvo que separarse de sus padres de nuevo. Pero esta vez encontró en ello la principal clave de su vida. Una familia que supo compensar la ausencia cariño y hacerle sentirse apreciado por su auténtica valía.

La clave principal

Albert se instaló como pensionista en la casa del profesor Jost Winteler, que daba Griego e Historia en la misma escuela aunque en distinta división. Jost y su esposa Pauline acogían estudiantes en su casa. Fue tanto el cariño y la atención que Albert recibió de ellos que adoptó a aquella familia como sustituta de la suya. De hecho, su primera novia fue la hija de Jost y Pauline: Marie... Fue una de las etapas más felices en la vida de Einstein.

Jost era tranquilo y amable como el padre de Albert. Aportó a Einstein un nuevo modo de ver el mundo, mucho más humanista, y posiblemente más humano. Era un hombre extraordinariamente íntegro, que había dimitido como director de la escuela, precisamente por una cuestión de ética e integridad. Este hecho provocó en Einstein un profundo respeto.

Pauline era mucho más cariñosa que la propia madre de Einstein, indulgente y sincera. Albert la llamaba «*mamá*». Años después de marcharse de aquella casa, seguía recibiendo cartas enormemente afectuosas y maternales de Pauline. Incluso prefirió pasar algunas Navidades con ellos antes que hacerlo con sus propios padres.

Sus compañeros en esta etapa en la Escuela Aarau le consideraban un chico solitario, que decía lo que le parecía, con independencia de a quien molestara. Un amigo, Hans Byland, le describió diciendo que «*era una de esas personalidades dobles que saben proteger, con una apariencia exterior espinosa, el reino delicado de su intensa vida emocional*».

La escuela acertada

La causa de que Einstein cogiera confianza en su capacidad intelectual en buena parte estuvo en el sistema pedagógico de la Escuela Aarau. Un sistema educativo famoso por sus métodos avanzados.

Albert no encontró en Aarau el autoritarismo que había sufrido en Munich. En la nueva escuela a los alumnos se les trataba como individuos, personas, únicas e irrepetibles. Y se les animaba a pensar por sí mismos.

Allí descubrió que quería llegar a ser profesor de Matemáticas y Física; sobre todo, según sus propias palabras: «*del aspecto teórico de las ciencias*».

2

Como muchos niños de hoy

Einstein, además de lento, fue un niño ensimismado y gris. Que no brilló en la escuela por sus buenas notas y su docilidad. Que sacaba de sus casillas a su profesora. Que fue expulsado de la escuela. Que quiso estudiar en la Politécnica de Zurich, en la que puso su ilusión, pero «*no era buen estudiante*», dijeron. No daba la talla y no fue admitido. Que fue dado por inútil para realizar el servicio militar en Suiza, por tener varices y por sus pies planos y sudorosos. Y que pasó desapercibido en su trabajo de funcionario en la Oficina de Patentes de Berna... antes de ser descubierto como quien siempre había sido.

Una inmensa mayoría de seres humanos se hubieran quedado ahí. Einstein podría haber sido uno más de tantos fracasados escolares. Hubiera pasado su vida a lo sumo en aquella oficina gris de Patentes. ¡Qué pena para él y la Humanidad!

La misma pena que da hoy ver en un aula a tantos alumnos inteligentes, que suspenden o no, en los que no se reconocen sus valiosas cualidades. Perdiéndose tanta grandeza.

Solo los mejores pueden llegar a lo más grande. Pero acaso Albert no era ya, a sus 9 años, el mismo que luego fuera aclamado por iluminar la ciencia universal. ¿No era ya a su escala, uno de los mejores?

Hoy muchos de los niños y adolescentes que empiezan o terminan la escuela, al igual que Einstein, esconden un potencial que, como el de Einstein, maravillaría al mundo. También sacan malas notas y pueden seguir sacándolas si nadie interviene.

Einstein sacaba malas notas en el colegio. Era un genio decían más tarde. Su profesora lo calificó de «*mortalmente lerdo*». Lo humillaron. Fue expulsado. Pero ocurrió algo que hizo de Albert el científico más importante del siglo y uno de los grandes de la historia.

¿Qué ocurrió?

Lo que ocurrió fue la secuencia de:

1º Un profesor que le dijo que valía para las Matemáticas y le dejó ir a sus clases de oyente cuando no había aprobado ni el acceso.

2º Un estudiante de Medicina agradecido a su padre le dejó libros de divulgación científica que le apasionaron.

3º Se encontró con el cariño de una familia adoptiva, que le quiso por ser simplemente una persona, sin autoritarismo ni protección. Que estimuló en él la búsqueda de la verdad, la dignidad y la excelencia del ser humano y su honradez.

4º Y una esposa que, junto a su amor, le dio la motivación para trabajar por un fin más allá de él mismo, y le supo acompañar hasta el éxito.

Es decir, personas, estimulación, motivación, confianza, cariño. Eso ocurrió. Lo demás estaba todo en contra. En lo familiar, Albert fue un desastre, herencia de su madre. Que nunca lo quiso como era y no le enseñó a amar desde niño.

Hoy existen millones de «Einsteins» en el mundo. Yo me he encontrado en mi carrera con cientos de ellos. Este libro pretende que cualquiera que lo lea, sea el detonante que haga a un niño aprovechar sus posibilidades reales. Que, con demasiada frecuencia, son mayores de las que él cree.

Si la vida de Einstein nació torcida y se recondujo en buena parte, mucho más puede lograrse con la de muchos niños que aún no se han torcido del todo.

Todos los seres humanos pueden ser Einstein, si como él, encuentran la combinación que estimule su capacidad siempre desaprovechada y, en la práctica, infinita.

La clave de la resurrección de Einstein estuvo en la combinación exacta que hay detrás de muchos Premios Nobeles: amor, estímulo, confianza, motivación. Nada más... y nada menos.

3

La inteligencia del ser humano es infinita y adquirida

El ser humano es inteligente. Es un hecho. Como lo es que ningún ser humano emplea al 100% su capacidad intelectual. Por eso puede decirse que, en la práctica, todo ser humano tiene capacidad en su cerebro —aún sin explotar— de un potencial inimaginable.

El coeficiente intelectual real de un ser humano es un dato puramente anecdótico. Si éste se autosugestiona de su incapacidad, no logrará nada por más tiempo que le dedique. Si por el contrario, se estimula adecuadamente, sus logros sorprenderán a todos, incluso a él mismo. Porque el ser humano, todo ser humano —mucho más si está sano—, guarda una capacidad infinita.

Todos somos tan inteligentes como para poder resolver todos los problemas que nos planteemos. Solo precisamos tener motivación, estímulo y crearnos la necesidad de lograrlo. La destreza para poder solucionar cualquier problema, se adquiere al intentar dar con la solución.

¿Qué es la inteligencia?

En general la podemos definir como la capacidad de descubrir y resolver los problemas que nos encontramos.

La verdadera prueba de inteligencia radica no en cuántas cosas sabemos hacer, sino en cómo actuamos cuando no sabemos hacerlas.

¿Es innata o adquirida?

Potencialmente podríamos decir que es una facultad genética, porque no existiría sin una determinada serie de genes. Pero desde el punto de vista práctico, de su desarrollo, lo que entendemos por el coeficiente intelectual o capacidad intelectual de una persona determinada, hay que considerarla adquirida. Puesto que su desarrollo está en función del ambiente y de la voluntad del propio sujeto.

En el resultado de la inteligencia no tiene apenas peso la genética, la herencia. Su importancia es despreciable para lo que podría hacer esa misma inteligencia si no se estimula, educa, motiva, ejercita, si no se capacita para dar los resultados que necesita. Por lo que en realidad no es ninguna exageración decir que la inteligencia es una cuestión de educación, no de biología. Algo adquirido. No innato.

Falsas creencias sobre la inteligencia humana:

Cada día convivimos y nos enfrentamos a una serie de falsas creencias, muy extendidas, sobre la inteligencia. Que, además, obstaculizan su desarrollo de una forma práctica. Las más recurrentes son:

- — Se nace inteligente o torpe. Sin que el medio externo ni la voluntad del sujeto pueda modificar significativamente ese hecho. ES FALSO.
- — La capacidad intelectual permanece invariable a lo largo de su existencia. FALSO.
- — La capacidad intelectual de un sujeto crece hasta alcanzar un máximo a una determinada edad. En torno a los 18 años. A partir de la cual su crecimiento se detiene. ES FALSO.
- — A partir de cierta edad, con el envejecimiento, disminuye la capacidad intelectual, como consecuencia de la muerte de las neuronas. FALSO.
- — Desde el nacimiento el niño está, por así decir, predestinado a estudiar ciencias o letras. Es decir, sus aptitudes varían de unos a otros, dependiendo de la genética. ES FALSO.
- — El aprendizaje es una consecuencia de la inteligencia. ES FALSO. En realidad ocurre justo lo contrario.
- — Para que la inteligencia actúe con destreza es preciso haber aprovechado una edad propicia, lo que algunos llaman un *periodo sensitivo*. En términos generales, FALSO.
- — El aprendizaje está relacionado con el coeficiente intelectual que se tiene. Aprende más el más inteligente. FALSO.

Veamos una a una:

«Se nace inteligente o torpe»:

No es cierto. Todos los niños, salvo raras excepciones ambientales provocadas por hambre crónica, traumatismos craneales, un parto con muchas complicaciones u otras causas, pueden inducir a un desarrollo intelectual deficitario en comparación con sus congéneres. Lo mismo puede ocurrir por causas genéticas, como en el caso del síndrome de Down, Turner y otros, aunque incluso en el caso de estos niños, sus mermas intelectuales son más consecuencia de un no saber estimularlos convenientemente y a tiempo, que como consecuencia de un déficit primario.

El potencial del cerebro humano es, a efectos prácticos, ilimitado.

Todos los niños nacen con un potencial intelectual suficiente para lograr cuanto se propongan.

Se calcula que en nuestra vida no usamos más del 20% del poder de nuestro cerebro, desperdiciando un 80%, bien por falta de medios o por falta de voluntad.

En realidad apenas ha cambiado la capacidad cerebral de un hombre de las cavernas y un hombre del siglo XXI, y el uso del cerebro no hay duda que sí ha variado mucho.

La inteligencia se vuelve más eficaz cuanto más se utiliza, y la capacidad de adaptación o de resolver problemas crece en virtud de la ejercitación.

El desarrollo del potencial genético de todo niño está en manos primero de los padres y allegados, de los educadores después, y excepcionalmente en manos del ambiente, del modelo propuesto de moda por la sociedad y del propio niño.

— DE LOS PADRES. Como consecuencia de la estimulación adecuada y temprana, en los primeros años de vida.
— DE LOS EDUCADORES en la escuela. Como responsables, junto a los padres a partir de la edad escolar, de la construcción y conservación de lo adquirido.

— DEL AMBIENTE. En cuanto puede facilitar las oportunidades educativas.

— DEL PROPIO NIÑO. Porque no se desarrollará nunca su inteligencia sin su propia cooperación en la educación e instrucción.

«La capacidad intelectual permanece invariable a lo largo del tiempo»:

Tampoco es cierto. Lo contrario sí. Junto al crecimiento en edad del niño, su inteligencia aumenta también, y al mismo ritmo que aumenta su aprendizaje.

Lo que permanece más constante es su Coeficiente Intelectual, pero la inteligencia en sí va aumentando conforme crece el aprendizaje.

«La capacidad intelectual de una persona crece hasta los 18 años y se detiene»:

La inteligencia se amplía mientras se puedan establecer conexiones entre las neuronas y se sigan formando. A toda edad pueden abrirse nuevas vías de aprendizaje y por consiguiente aumentar los conocimientos y la inteligencia.

Otra cosa es que se vaya produciendo junto a más aprendizaje, mayor olvido de lo más lejano, si no se actualiza convenientemente.

«A partir de cierta edad disminuye la capacidad intelectual por la muerte de las neuronas»:

El número de las neuronas que mueren por la edad, es insignificante comparado con las que aún viven. Además, hay muchas neuronas que aún no se han llegado a utilizar y pueden ponerse en actividad.

La disminución de la actividad cerebral de una persona está más relacionada con su inactividad mental que con su potencialidad cerebral.

«Desde el nacimiento se está predestinado para estudiar ciencias o letras»:

No es cierto. La potencialidad del cerebro es tal que cualquier niño es apto para cualquier estudio.
La inclinación o adecuación futura a un determinado estudio, es decir, a un mayor uso del hemisferio izquierdo o más del derecho, depende de la ejercitación que el niño haya tenido desde pequeño.

«El fracaso escolar es consecuencia de una insuficiencia intelectual»:

Tampoco esto es cierto. Por mucha actividad cerebral que tuviera un cerebro, siempre guarda su mayor parte sin utilizar.

El fracaso escolar es consecuencia de no haberse utilizado la potencialidad innata intelectual o no haberlo hecho de manera adecuada. Nunca de no tener una capacidad adecuada.

«Se ha concedido poca importancia al desarrollo intelectual durante los primeros años de la infancia»:

Es cierto que durante los cinco primeros años de vida, el niño debería haber aprendido mucho más. De cualquier materia.

Pero esto no quiere decir que a partir de esta edad la capacidad de aprendizaje no sea importante e incluso determinante.

«Los periodos críticos»:

Los periodos críticos, *sensitivos* también llamados según otros, existen y deben ser conocidos y tenidos en cuenta para la enseñanza. Pero resulta perjudicial, la obsesión por seguir encorsetados periodos.

El conocimiento o la comprensión de una materia cualquiera, más que en función de una edad, es consecuencia de la existencia de un aprendizaje previo que le sirva de cimiento.

«El aprendizaje es consecuencia de la inteligencia», dice otra falsa creencia:

Bien es cierto que no se puede aprender sin inteligencia. Pero la inteligencia como don genético es un bien potencial. Muy diferente es el cultivo de la misma, que es a lo que realmente debe llamarse inteligencia, medible y comparable.

Esta inteligencia es consecuencia del aprendizaje y no al revés. No se aprende porque se es inteligente, sino que se es inteligente porque se aprende.

Conclusión respecto a las falsas creencias

Por todo lo dicho, más que el potencial genético, nos ha de preocupar qué hacer con la capacidad de la inteligencia que se tiene. Que siempre será mayor del que uno se imagina.

Sin cultivo perseverante y dirigido, la inteligencia nunca dará el rendimiento que realmente satisface al ser humano y sobradamente puede. Así podríamos decir que los superdotados, aquellos que tienen genéticamente una capacidad muy superior al resto, no pasan en todo el mundo de un par de docenas. Mientras que los genios, los sabios, los cultos, las mentes brillantes, las que resuelven los problemas de la humanidad y la hacen progresar, son aquellas que con una capacidad normal, su inteligencia sí ha tenido una ejercitación adecuada.

Un niño, con la capacidad de hablar, tampoco hablaría si no se le estimulara y enseñase a hacerlo pacientemente.

Qué hacer la familia y la escuela, para favorecer el desarrollo de la inteligencia

Aunque a lo largo de los capítulos que siguen, iremos poco a poco concretando más cómo estimular la inteligencia de un hijo o alumno, por ahora tengamos en cuenta que todo educador ha de cuidar principalmente la **actitud frente al estudio y aprendizaje de los hijos:**

- — Los padres y profesores deben tener una actitud positiva ante el estudio de un hijo o un alumno. Esto no siempre es fácil, pero sí determinante. Lo fue para Einstein.
- — Cuando un hijo no parece muy inteligente (práctico), si se le dice que es inteligente, se convierte en inteligente. Porque en realidad todo ser humano lo es. Solo ha de ponerse la capacidad en práctica.
- — Ha de crearse en él una autoimagen positiva como estudiante.
- — Si ya poseyera una autoimagen negativa, hay que emitirle mensajes positivos sobre algunas facetas del estudio (por ejemplo: si no saca buenas notas, resaltar en público la intensidad que tiene su trabajo, y si no es posible, la eficacia con lo poco que hace, o la habilidad que tiene en algún aspecto de alguna asignatura, etc.)

— Favorecer en todo momento el modo personal de resolver los problemas, más cuando ese modo sea distinto al que nosotros hubiésemos empleado. Es demasiado frecuente la intervención prematura de padres y profesores, antes de que el niño o adolescente lo resuelva o intente resolverlo por sí solo. Es preferible siempre –salvo peligro de daño físico serio o moral—, dejar que un hijo resuelva el problema con los medios que tiene a su alcance y siguiendo su propia intuición, con la menos ayuda posible por parte de un adulto o de un hermano mayor conocedor de la solución.

— Cuando un niño tiene un problema y sabe que un adulto cercano conoce la solución, su cerebro –inteligente— le dice que el camino más corto es preguntar y exigir la respuesta a un adulto, un compañero o un libro. Aunque sea dando pena. Si se hace, se priva al hijo o alumno de la oportunidad de hacer buscar a su cerebro otra vía y estrenar así un nuevo circuito en su cerebro que le permita aprender y adquirir mayor musculación. El niño que se habitúa a buscar las soluciones por sí mismo, confía más también en que las logrará: cimiento del buen estudiante y del niño con autoestima y personalidad. No quiere decir esto que no se pueda ayudar a los hijos en sus tareas de aprendizaje. Sino que se debe estar a su lado, siguiendo el proceso y dejando que haga lo que puede hacer.

Pero veamos más acciones al alcance de los educadores, como **potenciar la inteligencia:**

Si son niños pequeños (menores de 5 años):

— Adelantar la lectura. Cuando un niño muy pequeño pronuncia por primera vez, defectuosamente aún, la palabra *vaso*, está leyendo abstractamente la forma del vaso: lee y pronuncia un concepto y una palabra. Este ejercicio, que se suele hacer con 1-2 años, es mucho más complejo que lo que conocemos por lectura escolar. El niño puede aprender a leer, incluso antes de pronunciar. Adelantar en edad la enseñanza de la escritura también. Así como adelantar el cálculo matemático. Jugar con estructuras de madera o plástico. Jugar con piezas encajables.

A partir de los 4 años y hasta la adolescencia:

— Utilizar en su presencia, con propiedad, un vocabulario lo más rico posible, sobre todo en el ámbito del hogar, en el vecindario, durante los viajes.
— Con la máxima riqueza de matices de adjetivos y variedad de argumentos. Por ejemplo no es lo mismo azul, que azul celeste o turquesa. No es lo mismo perro que *husky siberiano* o *español bretón*.
— Potenciar el desarrollo de sus siete sentidos: olfato, vista, tacto, oído, gusto, equilibrio e interior (sentir dolor interno y ser capaz de localizarlo incluso: es como el tacto pero interno).

Esto se puede hacer, por ejemplo, mediante:

— Frascos transparentes, rellenos de líquidos, para que el niño al verlos diga rápidamente si se trata de vinagre, aceite, jabón, agua, etc., por ejemplo.
— O rellenos de sólidos: garbanzos, lentejas, azúcar, sal, semillas de trigo, harina, cemento, etc.
— Así como con piezas de madera, sabiendo identificar el tipo (nogal, castaño, cerezo, pino...).
— Distinguir entre tipos de tela (lino, loneta, pana, crevillé...)
— O entre diferentes metales (hierro, acero, aluminio...).
— Cogiendo dos objetos, uno en cada mano, y calcular cuál pesa más.

— Tocando folios de diferente grosor y cartulinas, para tener que distinguir cuál es más gruesa o delgada.
— Jugar a distinguir un instrumento como piano, violín, platillos, tambor..., en una interpretación musical.
— Jugar a distinguir con los ojos vendados, sabores, empezando por definirlos como salados, sosos, ácidos, picantes, dulces...
— Jugar a describir con los ojos vendados y guiados por el tacto, entre superficies rugosas, lisas, ásperas, rayadas, abultadas...
— O calcular distancias a simple vista. Cortas y largas.
— Etc.

Recordemos que el niño cuando aprende se hace inteligente. No aprende cuando lo es.

4

Las razones más frecuentes del fracaso y del éxito escolar

Llamamos fracaso escolar a la situación académica en la que se encuentra quien no logra resultados acordes a su capacidad intelectual. Siendo el éxito escolar su contrario. Por tanto, éxito escolar no es igual a una media de sobresaliente en las calificaciones, si el desarrollo de la inteligencia de un estudiante no corresponde con esa nota.

Aunque sí todos los alumnos deben al menos aprobar, ya que el sistema educativo actual contempla que alumnos con dificultades objetivas para desarrollar su inteligencia, obtengan igualmente el aprobado, si cumplen con unos procedimientos, actitud y conceptos mínimos que son adaptables curricularmente a todos los alumnos que lo necesiten. Esto, pese a ser así legal, pedagógica y moralmente, no siempre es tenido en cuenta en todas las ocasiones por padres, educadores ni estudiantes.

Pese a ello, la mayoría de los fracasos escolares de hoy se

dan en alumnos no solo con perfecta capacidad intelectual para lograr el éxito escolar, sino entre alumnos con una capacidad superior a la media.

Así, entre los alumnos con tres suspensos de media por evaluación de una clase se encuentran muchos de los alumnos que en los tests de inteligencia sacarían los mejores coeficientes intelectuales.

Esto ocurre porque detrás de la mayoría de los fracasos escolares, está la falta de estimulación, motivación y baja autoestima del alumno como tal; así como tras el éxito escolar está su contrario.

Esta falta de estímulo, motivación y autoestima, a menudo son el fruto de las más comunes causas del fracaso escolar:

Causas del fracaso escolar más comunes:

— Una mal llevada adolescencia.
— Una mala adaptación al grupo.
— Mala adaptación por parte del alumno a un educador concreto, bien por la carencia de recursos educativos de este, o por la del alumno. Por la de ambos normalmente.
— Enfermedad, mental o física, temporal o crónica en el alumno o en el educador.
— Complejos. Timidez.
— Dificultades de adaptación cultural, en caso de desconocimiento del idioma o de las costumbres.
— Deseo de castigar a los padres con el fracaso como arma arrojadiza. Que se da, sobre todo, en caso de separaciones, divorcios, celos, superprotección y autoritarismo.
— Aprendizaje defectuoso de los conocimientos previos, básico para la enseñanza. Especialmente de la lectura.
— Malas experiencias educativas previas que influyen en la consideración del alumno ante la educación obligatoria.
— Exceso de emotividad.
— Causas afectivas y emocionales.
— Falta del aprendizaje mínimo de las técnicas de estudio

que posibilitan la destreza de aprendizaje en el modo y tiempo que se exige.
— Falta de hábito de estudio, concentración y atención.
— Situaciones ambientales excesivamente adversas.
— Superdotación.

LAS CAUSAS MÁS COMUNES DEL ÉXITO ESCOLAR SON:

— Una equilibrada personalidad.
— Una adolescencia suave en sus manifestaciones de rebeldía, inseguridad y cambios.
— Aceptable adaptación al grupo.
— Adaptación sin conflicto por parte del alumno a cada educador en concreto, bien por la maestría de éste, la disposición y actitud del alumno o por la conjunción de ambas normalmente.
— Salud mental y física del alumno y el educador.
— Alta autoestima por parte del alumno. Si no de ambos.
— Adaptación cultural, en caso de desconocimiento del idioma o de las costumbres.
— Buena relación paterno-filial.
— Ausencia de celos excesivos.
— Aprendizaje basado en conocimientos previos, básicos para la enseñanza. Especialmente en el aprendizaje de la lectura.
— Buenas experiencias educativas previas que influyen en la consideración del alumno como tal.
— Equilibrada afectividad y emotividad
— Aprendizaje mínimo de las técnicas de estudio que posibilitan la destreza de aprendizaje en el modo y tiempo que se exige.
— Hábito de estudio, concentración y atención.
— Adaptación de las exigencias del educador a las cualidades del alumno concreto.
— Situaciones ambientales no adversas en exceso.

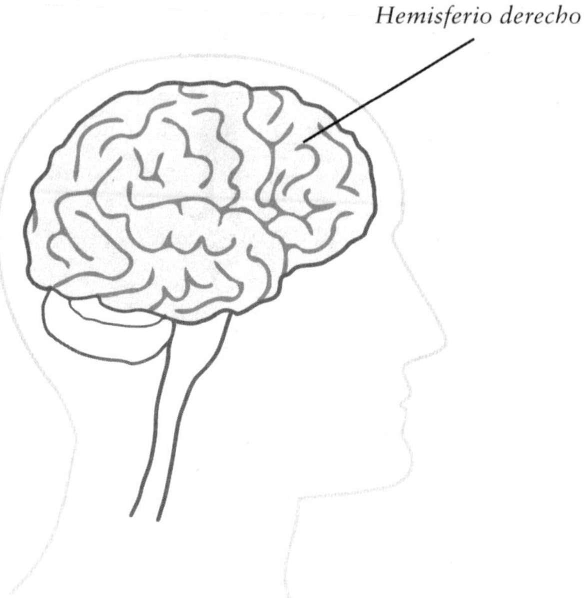

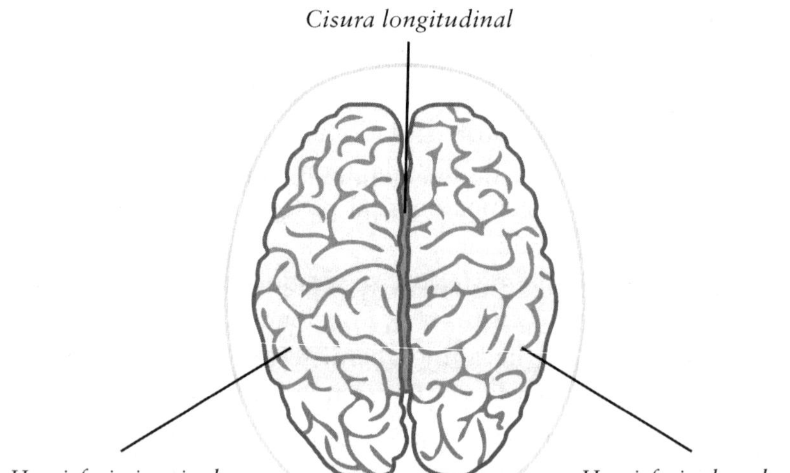

Visión lateral y dorsal del cerebro humano

5

El cerebro de cada uno

El cerebro es el centro que supervisa el sistema nervioso del ser humano (de los vertebrados y muchos invertebrados). Está situado en la parte anterior y superior de la cavidad craneal.

Controla y coordina el movimiento, el comportamiento y las funciones corporales autorreguladoras, como la presión sanguínea, el balance de fluidos, la temperatura corporal, etc. Coordina también las emociones, el proceso del conocimiento, la memoria y el aprendizaje.

Se divide en dos hemisferios, separados por una profunda fisura, aunque unidos en su base, por donde se comunican.

En la complejidad de ambos hemisferios radica la enorme diferencia intelectual a favor del ser humano respecto del resto de animales.

Los hemisferios cerebrales no son iguales. Ambos regulan la temperatura corporal y comparten algunas funciones. Sin embargo, cada uno realiza independientemente otras muchas funciones.

Un trabajo armonioso de los dos permite integrar eficazmente las informaciones que llegan al cerebro.

Cuanto más compleja sea una tarea, más asociados tienen que estar los dos hemisferios para realizarla.

El hemisferio izquierdo

El hemisferio izquierdo, es la parte motriz capaz de reconocer grupos de letras formando palabras, y grupos de palabras formando frases, tanto en lo que se refiere al habla, la escritura, la numeración, las matemáticas y la lógica, como a las facultades necesarias para transformar un conjunto de informaciones en palabras, gestos y pensamientos. John Hughlings Jackson, neurólogo británico, ya en 1878 describió el hemisferio izquierdo como el centro de la facultad de expresión. En él residen:

— El uso de la información matemática,
— La secuencias de información de uno en uno,
— La memoria verbal,
— Aspectos lógicos gramaticales del lenguaje, organización de la sintaxis, discriminación fonética,
— La atención focalizada,
— El control del tiempo,
— La planificación, ejecución y toma de decisiones,
— La memoria a largo plazo,
— Las operaciones del lenguaje hablado y escrito,
— El cálculo numérico,
— Habilidad científica,
— Pensamiento lógico,
— Razonamiento,
— El juego del ajedrez,
— La coordinación del lado derecho del cuerpo,
— Procesa la información usando el análisis, que es el método de resolver un problema descomponiéndolo en piezas y examinando estas una por una.
— Es el que analiza, abstrae, cuenta, marca el paso, planea

los procedimientos paso a paso, verbaliza, hace afirmaciones racionales de acuerdo a la lógica.

— Es decir, el modo de trabajar del hemisferio izquierdo es analítico, verbal, calculador, secuencial, va de la parte al todo, es simbólico, organizado, temporal, cuantitativo, lineal, crítico, focalizado y objetivo.
— Tiene el pensamiento lógico, traduce las imágenes del hemisferio derecho en manifestaciones físicas.
— Extrae conclusiones y formula predicciones.
— Nos permite dar razones de por qué hacemos las cosas.
— El hemisferio izquierdo está asociado con habilidades como la escritura, símbolos, lenguaje, lectura, ortografía, oratoria, escucha, asociaciones auditivas, localización de hechos y detalles.
— El hemisferio izquierdo almacena conceptos que luego traduce a palabras (*amor, amour, amore, love...*). Es decir, el cerebro comprende las ideas y los conceptos y los almacena en un lenguaje no verbal, que luego traduce a un lenguaje o idioma aprendido por el individuo mediante la cultura.

Sin él no podríamos desenvolvernos eficazmente como seres humanos. La mente humana alberga demasiada información y no podría manejarla toda de golpe. El hemisferio izquierdo nos ayuda, en cada momento, a seleccionar lo importante. Desempeña un gran papel en nuestra capacidad para cambiar pautas y crear hábitos de pensamiento profundamente arraigados.

Pero lo más lamentable es que este hemisferio realiza operaciones tan importantes, que ha oscurecido tradicionalmente la importancia e igual necesidad del hemisferio derecho. De hecho, algunos autores han llamado a este hemisferio izquierdo, el pequeño dictador, que tiende a someter al lado derecho. Y así, mucha de la fuerza e información que hemos de tener y usar para introducir en nuestra vida cambios positivos, se ve ahogada por el autoritarismo de nuestro lado izquierdo.

El hemisferio derecho

El hemisferio derecho gobierna tantas funciones especializadas como el izquierdo.

Su forma de elaborar y procesar la información es distinta del hemisferio izquierdo. No utiliza los mecanismos convencionales para el análisis de los pensamientos que utiliza el hemisferio izquierdo. Es un hemisferio integrador, centro de las facultades viso-espaciales no verbales, especializado en sensaciones, sentimientos y habilidades especiales, visuales y sonoras no del lenguaje, como las artísticas y musicales. Intuitivo, irracional, global, va del todo a la parte, imaginativo, instintivo, no verbal, cualitativo, creativo.

El hemisferio derecho está asociado con las habilidades como las relaciones espaciales, formas y pautas, canto y música, sensibilidad del color.

Concibe las situaciones y las estrategias del pensamiento de una forma total. Integra varios tipos de información (sonidos, imágenes, olores, sensaciones) y los transmite como un todo. En él reside, además:

— La imaginación,
— El sentido artístico y musical,
— Las sensaciones,
— Los sentimientos,
— La percepción tridimensional,
— La pericia y perspicacia,
— La capacidad creativa,
— La coordinación del lado izquierdo del cuerpo.

El hemisferio derecho está considerado el receptor e identificador de la orientación espacial, el responsable de nuestra percepción del mundo en términos de color, forma y lugar. Jhon Huglings Jackson informó que un paciente con un tumor en el lado derecho del cerebro no reconocía objetos, lugares ni personas.

Utilizando sus facultades somos capaces de situarnos y orientarnos; podemos saber por qué calle estamos caminando mirando simplemente la arquitectura de los edificios que hay a uno y otro lado de ella, la forma y aspecto de las fachadas, de los tejados y de las puertas de entrada.

Si vamos caminando por la calle y reconocemos un rostro, la identificación de dicho rostro también corre a cargo de la memoria visual del hemisferio derecho. El nombre que corresponde a la persona que posee dicho rostro conocido lo proporciona, en cambio, el hemisferio izquierdo.

Muchas de las actividades atribuidas al subconsciente son propias del hemisferio derecho. Procesa la información mayoritariamente usando el método de la síntesis. Componiendo o formando la información a partir de sus elementos, hasta un conjunto. Nos hace imaginar cosas que sólo pueden existir en la imaginación, o recordar cosas que pueden ser reales.

Por él, vemos cómo existen las cosas en el espacio y cómo se unen sus partes para formar un todo.

Con el hemisferio derecho entendemos las metáforas. Soñamos. Creamos nuevas combinaciones de ideas. Cuando algo es demasiado complejo para describirlo, podemos hacer gestos para comunicarlo.

Con el modo de procesar información del hemisferio derecho, usamos la intuición y hacemos «*saltos*» de comprensión, que son esos momentos cuando «*todo parece encajar*» sin haber seguido un orden lógico para solucionar las cosas. O comprende datos incompletos.

El modo de trabajar del hemisferio derecho es la intuición, la subjetividad, lo relacional, la atemporalidad.

Se considera que el lado derecho es la fuente de la creatividad y de la imaginación, la visualización, la estimulación y los sueños. A veces tenemos una idea, que no sabemos de dónde nos ha venido. La respuesta es que nos viene de los neurotransmisores del hemisferio cerebral derecho.

La unión de los dos

Los hemisferios son asimétricos, igual que los dos lados de la cara del individuo. Como hemos dicho, el hemisferio izquierdo coordina las funciones motoras del lado derecho de nuestro cuerpo y el hemisferio derecho las del lado izquierdo. Por eso, los diestros suelen presentar predominancia del uso del hemisferio izquierdo y los zurdos, del derecho. Lo que origina la lateralización.

Es curioso que sean tan distintos, tan evidentes, y que el hecho de su existencia y su diferencia afecte tan poco a educadores y alumnos. Que no lo tengan en cuenta a la hora de enseñar unos ni de aprender otros. Pese a que la predominancia de uno u otro hemisferio determina el aprendizaje.

Muchos ni siquiera conocen cómo afecta esa predominancia de hemisferios en todo cuando el sujeto interpreta, lo que le transmiten los sentidos, lo que aprende, conoce, razona, piensa y cómo se expresa.

Una cisura profunda los divide. En lo más hondo de la cisura, el *cuerpo calloso*, formado por un conglomerado de fibras nerviosas, conecta ambos hemisferios, transfiriendo información de un lado al otro.

Cuerpo calloso que es mucho más nutrido en el cerebro femenino, efectuando mayor número de conexiones entre los hemisferios que en caso del varón. Así, al varón le cuesta más tiempo pasar del hemisferio izquierdo al derecho y viceversa.

La diferencia de competencias entre los dos hemisferios cerebrales parece ser exclusiva del ser humano. Y es que las dos mitades del cerebro son complementarias.

En la mayoría de los adultos, los centros del habla están situados en el lado izquierdo. No obstante, alrededor de un 15 % de los zurdos y un 2 % de los que usan preferentemente la mano derecha, tienen centros del habla en ambas partes del cerebro.

Algunos zurdos desarrollan el habla en el hemisferio izquierdo únicamente. Aunque menos de la mitad la tienen en la parte derecha.

Aun cuando el lado derecho del cerebro controla principalmente el lado izquierdo del cuerpo, y el lado izquierdo del cerebro controla, en gran parte, el lado derecho del cuerpo, el hecho de ser ambidiestro indica que en las personas diestras las dos mitades del cerebro están mucho más especializadas: casi completamente.

En los niños de corta edad, cada lado del cerebro posee, en potencia, la facultad del habla y del lenguaje. Una lesión en el lado izquierdo en los primeros años de vida, da como resultado el desarrollo de la facultad del lenguaje en el lado derecho del cerebro.

El dominio del habla y otras facultades se establece firmemente en uno de los hemisferios hacia los diez años de edad y no puede transmitirse al otro posteriormente.

Pero ambos son necesarios. El cerebro procesa la información sensorial, controla y coordina el movimiento, el comportamiento y funciones corporales como los latidos del corazón, la presión sanguínea, el balance de fluidos y la temperatura corporal.

El cerebro es responsable de la cognición, las emociones, la creatividad, la memoria y el aprendizaje.

La capacidad de procesamiento y almacenamiento de un cerebro humano estándar supera a los mejores ordenadores hoy en día.

Cuando se realiza una función, el cerebro actúa de manera semejante a una orquesta sinfónica interactuando varias áreas entre sí.

Además se ha descubierto que cuando un área cerebral no

especializada, es dañada, otra área puede realizar un reemplazo parcial de sus funciones.

Ejercicios para unirlos

Con todo, si se quiere trabajar los dos hemisferios juntos hay una serie de actividades que ayudan a que ambos se desarrollen unidos:

— Cantar
— Escribir
— Recitar poesía
— Expresar ideas con movimientos
— Bailar

Pensadores visuales o lineales

Hay muchas teorías sobre cómo cada hemisferio afecta a cómo piensa una persona. Una divide a los pensadores en dos campos: *simultáneos visuales y secuenciales lineales.*

De acuerdo con esta hipótesis, la mayoría de personas diestras (que usan más su hemisferio izquierdo) procesan la información de manera *secuencial lineal* en el que un esquema debe completar su procesamiento antes de que se pueda comenzar con el siguiente.

En cambio, dice la hipótesis, los individuos cuyo hemisferio derecho es dominante, procesan la información con *simultaneidad visual*, modo en el que varios esquemas se procesan simultáneamente.

Un efecto de estos modos de procesar la información es que los individuos de lateralidad cerebral izquierda necesitan completar una tarea antes de empezar la siguiente.

A los individuos de lateralidad cerebral derecha, en contraste, les conforta cruzar varias tareas, para lo que tienen mayor habilidad. Esto les hace aparecer a la mayoría como si no terminasen nada.

Alternativamente, las personas de *simultaneidad visual* tienen una excelente habilidad multitarea, lo que quizá esté en el origen de que parezcan más creativos.

La mayoría de personas procesan la información usando el *análisis* (predominancia del hemisferio izquierdo), que es el método de resolver un problema descomponiéndolo en piezas y analizando estas una por una.

En contraste, los individuos de *simultaneidad visual* procesan la información empleando la *síntesis* (predominancia del hemisferio derecho), en donde se resuelve un problema como un todo, intentando usar un método de relaciones para resolver el problema.

Todos poseemos una mente maravillosa

El elemento básico del cerebro es la neurona. Utiliza como combustible el oxígeno y el azúcar, transportados por la sangre. Si le falta este combustible, se muere.

Cada neurona o célula cerebral interactúa con otra creando, por ejemplo, el pensamiento o la acción.

En nuestro cerebro hay aproximadamente 10.000 millones de células nerviosas.

Cada célula nerviosa tiene entre 1.000 y 5.000 conexiones y cada conexión puede comunicarse con cualquier otra conexión celular del cerebro.

Esto significa que el número posible de conexiones en el cerebro (que generan pensamiento, asociaciones de ideas, descubrimientos, teorías, aprendizaje, etc.) es incomprensiblemente pasmoso: 25.000.000.000.000.000.000.000.000.000.000.

Dicho de otra forma, si apiláramos un folio uno encima de otro, por cada conexión cerebral, la pila se iría más allá de la luna. Más allá de Plutón. Más allá de nuestra galaxia. E incluso más allá de los límites conocidos del universo. A más de 16.000.000.000 de años luz.

Por eso decimos que nuestra capacidad intelectual, la de todos, es sencillamente infinita.

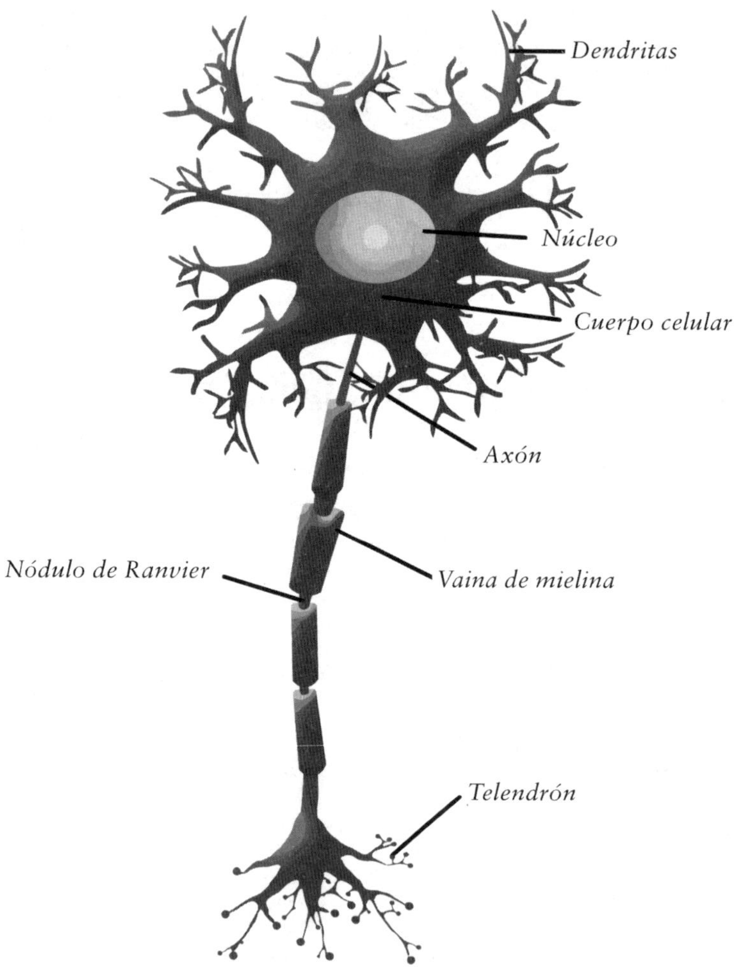

Estructura de una neurona tipo

6

Fácil o difícil

Si agrupáramos de una forma sencilla a los niños y adolescentes en cuatro grandes tipos: activos, pasivos, teóricos y prácticos, podríamos saber qué condiciones y actividades les cuestan más trabajo realizar y cuáles menos.

Activos

Aprenden con mayor facilidad:
— Cuando realizan una actividad que supone un reto.
— Realizando actividades cortas y de resultado inmediato.
— Cuando lo que hacen conlleva emoción, extremo, cambio.

Aprenden con mayor dificultad:
— Cuando tienen que quedarse en segundo plano o en un papel pasivo.
— Cuando han de analizar, interpretar y asimilar datos.
— Cuando trabajan solos.
— Cuando han de responder otra pregunta que no afecte al ¿cómo?, que es la que prefieren.

Pasivos

Aprenden con mayor facilidad:
— Cuando pueden ser meros observadores.
— Cuando pueden analizar situaciones.
— Cuando se les da tiempo para pensar antes de actuar.

Aprenden con mayor dificultad:
— Cuando se ven forzados a ser el centro de atención.
— Cuando se les urge a pasar de una actividad a otra.
— Cuando han de actuar sin planificar antes la actuación.
— Cuando tienen que responder a otra pregunta que no sea ¿por qué?, que es la que prefieren.

Teóricos

Aprenden con mayor facilidad:
— Teniendo modelos, teorías o sistemas que seguir.
— Con ideas y conceptos que les planteen un reto.
— Cuando han de investigar, preguntar e indagar.

Aprenden con mayor dificultad:
— Con actividades que conllevan incertidumbre.
— En situaciones de emoción y sentimiento.
— Cuando no han de apoyarse en una teoría.
— La pregunta que prefieren es ¿qué?

Prácticos

Aprenden con mayor facilidad:
— Con actividades que relacionen teoría y práctica.
— Cuando los demás a su alrededor también hacen cosas.
— Practicando inmediatamente lo que han aprendido.

Aprenden con mayor dificultad:

— Cuando lo que aprenden no está relacionado con necesidades inmediatas.

— En actividades sin aparente finalidad.

— Cuando lo que hacen no está directamente relacionado con la «realidad».

— La pregunta que prefieren es ¿qué pasaría si..?

7

Gatear de pequeño, moverse y aprender

A menudo no se advierte la importancia de actividades infantiles como el gateo o el hecho de que un bebé pueda estar con las manos y brazos libres, pueda reptar por el suelo, se cuelgue de una barra o rama y duerma boca abajo.

En realidad, se trata de actividades cruciales para el desarrollo mental del niño.

El gateo

Siguiendo los estudios de la doctora Pilar Martín Lobo, el gateo es una de las actividades más ricas de la niñez.

— «*Con ella el niño es capaz, por primera vez, de utilizar funciones de ambos lados del cuerpo coordinadamente.*
— *Pasa de la visión monocular a la duocular o biocular hasta la visión binocular.*

— *La audición se convierte en binaural y comienza a situar el sonido en el espacio.*
— *Sigue con las manos los objetos que ve y desarrolla el nervio visomotor.*
— *Relaciona directamente las fibras visuales, las fibras auditivas, los laberintos, los nervios oculomotores, el reflejo postural, los músculos del cuello y del tronco.*
— *Logra el nivel de conducta indicado por la mielinización y organización del nivel mesencefálico* (área cerebral de la mediación e integración).»

El gateo incide en la lateralidad, que hará más tarde a los niños ser:

— «*Más ágiles para razonar y más rápidos para hacer las tareas escolares,*
— *más seguros ante los retos de aprender nuevos conocimientos,*
— *trabajar con mayor nivel de motivación.*»

Por el contrario, si tienen dificultades de lateralidad:

— Tienen gran voluntad y ponen mucho esfuerzo en el estudio, pero les cunde poco el tiempo y les cuesta terminar con éxito sus tareas escolares.
— Muchos confunden en ellos su dificultad en la lateralidad con un coeficiente intelectual limitado, que realmente no tienen.

Así, el gateo es el mejor ejercicio para afirmar y facilitar la lateralidad y ésta incide en el rendimiento escolar de una forma directa:

— Codificación, comprensión y relación entre los mensajes matemáticos y lingüísticos. Ayuda a la organización de

símbolos como las letras y los números, especialmente cruciales hasta los seis años.
— Influye en todo el aprendizaje desde la Educación Infantil hasta la adolescencia.

El gateo, además:

— Estimula el sentido del tacto, oído y vista.
— Propicia la conexión entre los dos hemisferios cerebrales.
— La coordinación oculo-manual (ojo-mano), tan decisiva en el resto de su desarrollo madurativo e intelectual.

El arrastre

Desde que el niño pueda arrastrarse hay que procurar que lo haga lo más posible. Primero en la cuna. Luego, poniéndole una manta en el suelo y dejándole a su alrededor objetos de su atención, como juguetes de colores que le atraigan.

Se trata de un ejercicio clave para desarrollar la inteligencia, la madurez, libertad, seguridad y alto concepto de sí mismo, y el rico conocimiento que le permite la exploración libre.

Desde que el niño tiene un día y está en la cuna, tiende a desplazar su cuerpo hacia adelante buscando topar la cabeza con el límite de la cuna. Precisa saber dónde está la seguridad. Hacerlo facilita su madurez, autoestima y seguridad.

Se mueve torpemente con las manos, incontroladamente casi. Tardará en ver con nitidez, pero le basta la lengua para conocer y así lo hace.

Por todo ello, es importante no tener inmovilizado al bebé mediante exceso de ropa o mantas. Es preciso que se mueva y comience a estimular su conocimiento. Que explore con los reducidos límites de su libertad.

Junto a esta posibilidad de movimiento, el Profesor Glenn Doman demostró hace años, que los niños al estar boca abajo se sentían más seguros, podían explorar más y por tanto conocer y aprender más, y maduraban antes y con mayor autoestima.

La braquiación

Coger al niño por las manos y muñecas y subirlo durante unos segundos. O cuando es más mayor, hacerle sujetarse colgado de una escalera o un árbol, asido por las manos, es otro ejercicio que ayudará a ampliar su capacidad torácica, su oxigenación cerebral y su estimulación intelectual.

Libre descubridor en el suelo de casa

En definitiva, movimientos exploradores, que le acerquen a los movimientos maduros de cuando sea mayor, que le hagan afianzar su seguridad, personalidad y a la larga, optimismo y posibilidad de éxito personal.

Al cabo, todo buen padre espera de su hijo al crecer y llegar a la adolescencia que siempre se comporte con libertad y con inteligencia. Lo que hará sin duda, si aprendió a hacerlo.

8

La creatividad

Muchos fracasos escolares no se interpretarían como tales si la creatividad de un alumno fuera un valor en la escuela.

Pero los profesores que han logrado despertar en los alumnos el interés por aprender de forma creativa, raras veces han durado en el trabajo, porque suelen ser echados por no cumplir las expectativas que se tenían en él.

Curioso y real. John Steinbeck, otro ganador de un Premio Nobel, escribió sobre uno de los tres auténticos maestros que había encontrado en su vida:

«Insuflaba curiosidad a la clase y sus alumnos presentaban verdades atesoradas en sus manos como luciérnagas capturadas. Fue despedido porque no enseñaba las cosas importantes».

Si bien siempre ha sido difícil encontrarse con un profesor que inspire y guíe a los alumnos para que «*atesoren las verdades en sus manos como luciérnagas capturadas*», más difícil resulta encontrar a uno que inspire a los estudiantes a «*capturar luciérnagas*» y al mismo tiempo aprender «*las cosas importantes*».

Hoy, con el acceso a la información mundial a través del uso cotidiano de las nuevas tecnologías, es mucho más necesario que nunca encontrarse con algún profesor más preocupado por inculcarles la motivación y capacidad que le permitan seguir aprendiendo el resto de sus vidas.

La escuela de los últimos años y aún vigente de forma predominante ha sido una escuela impersonal, objetiva, fría, más o menos autoritaria según el caso, que ha valorado más la obediencia y autoridad y la organización por encima de todo. Mucho más que la auténtica libertad y la creatividad. Lo que ha generado alumnos incapaces de compromiso. Y para triunfar hay que comprometerse.

Los profesores son los primeros que no se comprometen con los alumnos. La razón: la entrega resulta molesta, implica tiempo, generosidad e incluso puede comprometer y poner en peligro su propio prestigio, si no les sale bien.

Cuando un profesor educa de una manera creativa, ha de sacrificarse, desplegar una gran cantidad de energía, incluso de sufrimiento.

Igual, los padres. Enseñar y educar creativamente es imposible para el profesor y padre que cree que entregarse al alumno o al hijo es rebajarse o ponerse en peligro.

No es creativo el profesor cuya labor principal es evaluativa. Se pone en el campo contrario del alumno, en lugar de en el mismo campo.

El profesor ha de preocuparse más por el alumno y decir menos que se preocupa. Ha de saber escuchar absorto, no menospreciar nunca, no ridiculizar, demostrarle al alumno que es merecedor de todo su empeño y su entrega continuada, porque merecerá la pena.

El desarrollo creativo del niño y el adolescente tiene la particularidad de acrecentar la capacidad creativa del sujeto, pero también la de proporcionarle estímulo suficiente que se extienda a la enseñanza menos creativa.

De forma que quien se desarrolla mediante la creación halla fuerzas para aprender mejor y poner mayor esfuerzo en el resto de enseñanzas no creativas.

Se convierte, sencillamente, en un estudiante más eficaz. Siempre que encuentre un profesor o unos padres que no se estanquen en la creación y además, le enseñe «*las demás cosas importantes*».

Los padres y los profesores no son conscientes de las numerosas veces que minaron la creatividad de sus hijos o alumnos. Por ejemplo, cada vez que dijeron:

— No me preguntes que ahora no puedo.
— Pregúntale a otro y deja de molestarme.
— Pero cómo se te ha ocurrido hacer esto así.
— Olvídate de esto. No te interesa.
— No te metas donde no te importa.
— Etc.

Con demasiada frecuencia padres y profesores se contrarían cuando se les hace una pregunta que no saben contestar.

Muchos de los que dicen que ellos animan a los niños a hacer preguntas, exigen que se las hagan con corrección. Es decir, sobre lo que el profesor o padre sabe responder y de la forma en que ellos la entiendan. Es decir, preguntas que no sean demasiado creativas.

Que un hijo o un alumno haga preguntas cuya respuesta no se conozca bien, debería ser lo normal. Signo de que se está estimulando la inteligencia del niño, su creatividad, autoestima y afán de descubrir.

A Thomas Alva Edison le castigaban en el rincón por las preguntas que hacía. Natural. Hasta que un día el profesor se enfadó tanto, que Thomas abandonó la escuela.

También a Einstein se le pidió que abandonara la escuela porque hacía muchas preguntas que sus profesores no sabían contestar.

Pero también ocurre esto hoy. Y ocurre igualmente en la familia. Con la diferencia que los niños no pueden abandonar ni ser expulsados del hogar.

Muchos ejercicios podrían hacerse para estimular la creatividad de un niño y de un adolescente. En los dos casos bueno es empezar por no decirle nunca lo que pueden averiguar por sí mismo. Sin posponer la respuesta, sino haciéndoles que reflexionen acompañándolos en su razonamiento hasta que den con la respuesta.

¿El desarrollo creativo hay que dejarlo al azar?

En absoluto. Sabemos que la creatividad se toma un descanso primero a los 5 años y otro descanso más a los 9 o 10 años. Y que en ocasiones desde este último, parece no volver nunca.

Algunos defienden que hay que dejar las puertas abiertas por si vuelve. Sin hacer nada para provocarlo. Pero esta postura es muy antigua.

Hoy se sabe que a los 10 años el niño renuncia a su creatividad, sacrificándola inútilmente, porque en el ambiente parece haber aprendido que ha de concentrarse en «*otras cosas más importantes*» para la etapa que se les viene encima.

Pero hay niños que, estimulados en su componente creativo, no solo siguen siéndolos tras los 10 años, sino que aprovechan sustancialmente su poder creativo para resolver sus problemas de pubertad, adolescencia y madurez.

Solución creativa de problemas

Osborn y Parnes y otros miembros de la Creative Education Fundation, desarrollaron uno de los métodos creativos para la solución de problemas más extendidos en el mundo, que se ha identificado con la *brain-storming* (tormenta de ideas), y que tiene los siguientes pasos:

1º Sentir como un desafío personal cada problema.

2º Reconocer el problema real.

3º Crear de soluciones alternativas. Posibles soluciones. Las ideas tontas en esta fase pueden ser muy útiles. (Cuando un día expliqué esto en clase, un alumno me dijo: «*Ah, como en la serie de tv House*»). En la tormenta de ideas, hay cuatro reglas básicas:
   — Se prohíbe la crítica.
   — Libertad absoluta de expresión.
   — Es deseable una gran cantidad de ideas.
   — Combinación y perfeccionamiento de ideas.

4º Evaluación de ideas.

5º Preparación para poner las ideas seleccionadas en práctica.

En definitiva, es seguir la siguiente secuencia:

EL PLANTEAMIENTO

LOS DATOS

EL PROBLEMA

LAS IDEAS

LAS SOLUCIONES

LA ACEPTACIÓN

EL NUEVO DESAFÍO

Lo que se necesita para potenciar la creatividad es

- — Conocer a los niños.
- — Confiar en ellos.
- — Hacerles participar.
- — Comenzar por preguntas de respuesta no establecidas.
- — Comprometerse en las condiciones.
- — Llegar hasta el final.
- — Llevar las soluciones creativas hasta su ejecución para convertirlas en importantes por cuanto suponen una real disipación del problema.
- — Gratificarles personalmente (no materialmente) por el hecho de ser capaces de utilizar lo que ya saben para llegar a lo que no sabían, sintiéndose a gusto explorando experiencias novedosas desconocidas.

En conclusión

La creatividad no solo es una opción de los alumnos que tienden a ella, sino una necesidad para todos.

La creatividad puede hacer que el niño o adolescente se motive por algo más que por buscar un resultado o un logro. Y siendo esto mucho, no lo es todo.

La creatividad, no solo desarrolla la inteligencia y hace al niño más valioso, más humano, sino que también le ayuda a encaminar su aportación al progreso del ser humano, dirigiendo sus capacidades, sus problemas y soluciones, a cuestiones de interés humano. Empleando para ello todo su potencial.

Hace por tanto del niño y adolescente, un ser necesario e importante para el resto de sus congéneres. Capaz de hazañas grandes. Independiente para ponerse al servicio de los demás. De competencia creciente. De creciente prestigio y aprecio. De mayor responsabilidad social. Capaces de lo mejor.

9

El estímulo

El estímulo es realmente poco conocido. Su importancia y los medios para lograrlo aún menos.

Una de las claves en la vida de Albert Einstein fue el estímulo de su padre adoptivo y la motivación que encontró al final.

Cuanto menos autocrática y más democrática sea una sociedad, menos eficaces son en ella los premios y castigos, y más eficaz el estímulo.

Hoy es más difícil conseguir que un niño se comporte, estudie, se esfuerce, si decide no hacerlo. La presión del exterior tiene menos influencia cada día y es preciso sustituirla por estímulos internos, que son los duraderos.

Lo que un niño decide hacer depende del concepto que tenga de sí mismo, de los demás y de los medios que considera viables para encontrar su propio sitio.

Todos los niños y adolescentes experimentan la necesidad de estar convencidos de que valen, y que aquellas personas más importantes para ellos, así lo piensan también.

Cada niño necesita el estímulo, como el agua las plantas. Sin estímulo su crecimiento carecería del vigor necesario y su capacidad disminuiría. Los niños están expuestos a una serie de experiencias desanimantes. El estímulo es esencial para contrarrestarlas.

El niño se porta mal solo si está desanimado y no tiene fe en sus habilidades para obtener éxito por los medios adecuados. El estímulo implica fe en el niño. Que le obliga a creer en su fuerza y habilidad actual, no en sus posibilidades.

Se estimula cuando se cree de verdad que un niño es capaz de hacer lo que se espera de él. Tal y como es ahora, no como podría llegar a ser. Si no se confía en él, tal y como es en la actualidad, no se le puede estimular.

E. Neisser relaciona seis actitudes por las que los padres pueden convencer a un hijo o alumno, de que realmente tienen fe en él. Actitudes que podrían estar simbolizadas por las siguientes expresiones:

1. *Tú eres de los que pueden hacerlo.*
2. *Es bueno que lo intentes. No conseguirlo no es ningún fracaso.*
3. *Pongamos algunas metas cortas, accesibles. Superables.*
4. *Has de estar satisfecho por el buen intento, seguro de tu capacidad de lograrlo.*
5. *Te acepto tal y como eres. Tú has de tener un buen concepto de ti mismo.*
6. *Te garantizo ciertos derechos y privilegios.*

Necesitamos estimular, si queremos ser eficaces, en la dirección en la que no solo se obtenga éxito personal, sino también social.

Métodos para estimular

El niño no se limita simplemente a reaccionar ante los problemas que se le plantean, sino que es un participante activo en la solución de los mismos.

Aprende rápidamente a transformar en su propio beneficio las actitudes de aquellos que le rodean. Igual que un niño en su mal comportamiento siempre busca: atención, poder, venganza o demostrar imperfección, cuando encuentra el estímulo suficiente dirige todos sus actos al buen comportamiento. Que le llena más.

Por eso, en el buen comportamiento de todo niño o adolescente, siempre hay detrás una persona que supo estimularle. Que, como toda persona que estimula, supo:

— Animarle a preguntarse.
— Escucharle activamente.
— Hacerse acompañar por el niño para realizar tareas de adultos inteligentes.
— Valorar al niño tal y como es.
— Mostrar fe en el niño. Lo que hace que adquiera fe en sí mismo.
— Tener fe en su habilidad y ganar su confianza mientras fomenta el respeto del niño en sí mismo.
— Reconocer una tarea bien hecha. Felicitarle por el esfuerzo llevado a cabo.
— Mover al resto de educadores a fomentar el desarrollo intelectual del niño.
— Asegurar que con nuestro comportamiento con él y con los demás de la familia o la clase, el niño se siente parte de esta.
— Ayudar a fructificar las habilidades y conocimientos ya adquiridos.
— Reconocer los valores positivos que el niño ya posee y se apoya en ellos.
— Valerse de los temas de interés del niño para estimular su deseo de aprender.

Lo más importante es, con todo, la valoración sincera por parte del padre o el educador.

Que no significa facilitarle la vida sustituyéndolo en sus deberes y obligaciones o mermando estas. Sino estar convencido de que el niño posee algo bueno, que existe en él la posibilidad real de hacer el esfuerzo. Y que él y el esfuerzo de estimularle merecen la pena.

Para eso, padres al menos —y si es posible, también el resto de educadores—, han de estar convencidos de su capacidad: *Yo sé que puedes hacerlo.*

Aplicando otros principios de la estimulación. Agradeciendo el esfuerzo. Darle la ocasión de demostrar su valía.

Demostrarle que no solo sus padres tienen un concepto positivo de él.

Integrándolo en un grupo, para el que ha de trabajar y en el que se ha de apoyar. El principal, la familia.

Ayudarle presentándole los pasos que ha de dar. Enseñándole una meta a corto plazo. A la que seguirá otra.

Centrarse en los aciertos y avances, más que en los errores. En lo positivo más que en lo negativo. La mayoría de padres al cabo del día han corregido muchas más veces a sus hijos que alabado. Y todo ser humano hace más cosas bien que mal. Es cuestión de fijarse mejor, con la luz que otorga el amor que se le tiene. Basándose en la verdad. Sin engañarle.

En materias específicas

Sería de enorme influencia en el estímulo, la práctica de los anteriores principios, especialmente en:

— La lectura.
— Ortografía.
— Caligrafía, dentro de su personalidad.
— Matemáticas.

— Ciencias Naturales.
— Cultura general.
— Aplicación informática.
— Uso de dos idiomas.
— Arte.
— Lenguaje oral y escrito.
— Actitud.
— Creatividad.
— Adaptación social.
— El concepto de sí mismo.
— Ambiente familiar.
— Educación de valores permanentes.
— Ante los profesores y compañeros.

Progreso en horizontal

La mayoría de las personas entienden el progreso como un ascenso. En vertical por tanto: la tendencia es tratar de subir hacia la cima y ser más que los que quedan por debajo. Muchas veces a costa de hacer descender a los que estaban arriba para prosperar uno. Si concibieran el progreso en horizontal también, quizá se abrirían a mayores éxitos. A menudo las metas y progresos no tienen porque implicar el descenso de otros, ni estar por encima de ellos.

El progreso de un individuo se debe evaluar desde su punto de partida. Cualitativamente. El progreso debe relacionarse con la posición anterior de él mismo y no necesariamente con la posición dentro del grupo. Este progreso en horizontal conlleva una satisfacción añadida.

Lo que estimula a los niños

Havighurst ha señalado la importancia para la estimulación de los niños que tienen las siguientes tareas. Clasificadas en dos periodos de la vida:

En la infancia:

— Aprender a andar.
— Aprender a tomar alimentos.
— Aprender a hablar.
— Aprender a ir al cuarto de baño.
— Aprender las diferencias de sexo y modestia sexual.
— Lograr estabilidad psicológica.
— Aprender a formar conceptos de la realidad.
— Aprender la relación emocional entre uno mismo, los padres, hermanos y otras personas.
— Aprender a distinguir lo bueno de lo malo.

Desde la infancia en adelante:

— Adquirir la destreza necesaria para practicar juegos físicos.
— Construir actitudes positivas con respecto a uno mismo.
— Aprender a relacionarse con niños de su edad.
— Aprender un papel social apropiado.
— Tener habilidad lectora, de escritura y cálculo.
— Desarrollar los conceptos básicos necesarios para la vida.
— Desarrollar una escala de valores.
— Conseguir independencia en saber lo que está bien y mal.
— Desarrollar actitudes hacia los grupos.

Necesidad del estímulo positivo

Es absolutamente necesario para conseguir una conducta eficaz en el niño.

Cuando el niño se encuentra estimulado positivamente,

emplea todas las medidas a su alcance —más de las que le atribuye el adulto— para:

— Ser cada día más considerado.
— Ser tenido cada día más en cuenta.
— Sentirse útiles.
— Elevar el concepto de sí mismos.

En caso contrario, cuando el niño no está estimulado:

— Se vuelve más terco.
— Agresivo consigo mismo y los demás.
— Se siente cada vez más impotente.
— Abandona la tarea.

Cuando se emplean sistemáticamente estímulos externos, como los premios y castigos, su eficacia tiende a decrecer.

En cambio, cuando la estimulación es interna y el móvil procede de sí mismo, no se tiene que estar continuamente estimulando. El mismo sujeto consigue de sí la fuerza que le reactive el movimiento necesario que le haga ser eficaz. Para una conducta a largo plazo, los premios y castigos no son la solución. Por ejemplo en los estudios.

Es precisa una estimulación interna. Única posible para mantener una fuerza viva, una manera de recargar las baterías, por sí mismo.

No existe una forma de educar, de mejores resultados y más agradable para educador y educando. Aunque para esta práctica se exige:

— Conocer la intimidad del niño lo más posible para apoyarse en lo que realmente le estimule.
— Dar un margen de confianza al niño. Sabiendo que está capacitado para resolver los problemas.

— Confiar en el método empleado: es decir, en los frutos que seguro llegarán si realmente estimulamos positivamente.

¿Qué evitar?

A la hora de intentar estimular a un niño, hay que empezar por evitar las siguientes acciones y actitudes:

— Cualquier gesto o comentario que induzca al niño a desconfiar de sus posibilidades de conseguir algo.
— Hacerle creer que está más dotado de lo que lo está en realidad.
— Hacerle pensar que necesita una capacidad superior a la real para realizar una hazaña.
— Someterle a competiciones o comparaciones con compañeros más dotados, adelantados o rápidos que él.

Sus contrarios son beneficiosos.

Verdadera educación

La buena educación, para serlo, requiere:

— Tener en cuenta que el niño de hoy se hará hombre mañana a través de su propia autodeterminación, la educación debe de ser lo menos «dirigida» posible.
— Respetar al propio niño como ser humano, trascendente, cualquiera que sea su edad.
— Apoyarle en su desarrollo físico, intelectual y moral.
— Prepararle convenientemente para su futuro.

Según Glasser: «*Es una obligación crear escuelas en las que los niños tengan éxito. Es responsabilidad personal de cada niño trabajar para triunfar. Es responsabilidad de la sociedad proporcionar un sistema escolar en el que el éxito no solo sea posible, sino probable*».

Para lograr éxito hay que comenzar a experimentar. Luego uno se vuelve adicto a portarse bien y ser reconocido como una persona buena y exitosa.

Confusión sobre el elogio

Dos ideas importantes:

1. El elogio no es obstáculo para la humildad del niño. Sino todo lo contrario. Le ayuda a combatir la vanidad. Si alguien le manifiesta su valía, reflejada en sus actos, no ha de verse forzado a justificar ni defender continuamente sus valores.

   Cuando a una persona se le reconoce un valor, tiende a quitarle importancia. Cuando no se le reconoce, se ve obligado a manifestar su importancia.
2. El elogio puede ser muy estimulante, siempre y cuando sirva para que el niño o adolescente suba su autoestima con él respecto a su capacidad, porque considere realmente el elogio justificado.

Hijos de la democracia

Como dijimos, los niños educados en la democracia, están bombardeados por la igualdad de los derechos y la libertad.

El obrar en libertad y con autonomía son los fundamentos de la vida democrática.

Así, el niño percibe cada día más estos dos principios y al

hacerlos suyos, rechaza todo cuanto represente imposición, hacer las cosas porque sí. De manera que necesita interiorizar, hacer suyo, cualquier mandato para poderlo llevar a cabo libre y autónomamente.

¿Cuándo estimular positivamente?

Siempre. A no ser que la urgencia exija el mandato imperativo en casos muy excepcionales.

¿Por dónde empezar?

El niño se va a encontrar al principio al ser estimulado con algunas dificultades, que no obstante el mismo compensará en seguida satisfactoriamente.

A cada uno le mueven sus propios estímulos. Por eso es preciso para estimular a un niño, conocerlo. A fin de poder iniciar positivamente su estímulo.

La única gran misión de los padres

Todos los padres y educadores tienen una única y gran misión: estimular a sus hijos y alumnos para encontrar su verdadero camino hacia la plenitud personal.

A todos los niños. Pero especialmente a los que comienzan su vida, y a los que hasta ahora han fracasado en el intento de encontrar su plenitud y excelencia.

10

La motivación

La motivación es el deseo de conseguir algo concreto. Un motivo para actuar. Los motivos para conseguir aprender o hacer algo, son:

— Encontrar interesante o necesaria la tarea.
— Buscar exaltar el propio yo. El status, la autoestima, la adaptación y el éxito, motivan. Pero de forma indirecta. En los estudios, por ejemplo, lo hacen las calificaciones, lograr títulos académicos u otras recompensas. Pese a que dependen en gran medida de otras personas.

Tipos

Las motivaciones externas son mucho más frecuentes que las internas. Aunque se pueden distinguir la eficacia, duración y riqueza de uno u otro tipo de motivación, la realidad es que el ser humano puede pasar con relativa facilidad de un tipo a otro. Lo mismo que ambas motivaciones suelen convivir en una misma persona al actuar.

Un niño puede comenzar a prestar interés por motivación externa (un premio, por ejemplo) y conforme avanza en el aprendizaje, encontrar la satisfacción de aprender por sí mismo (motivación interna).

Los hermanos

Los hijos únicos y los hermanos mayores se encuentran más motivados que los hijos de familia numerosa y los hijos menores. Y dentro de estos, el de medio siente una mayor y más intensa motivación que el resto. Porque la motivación está relacionada con la atención prestada.

Si un maestro no motiva, el alumno tratará de destacar con una conducta diferente a la que hubiera originado la motivación.

La importancia del profesor en la motivación es mucho más importante aún en los casos de niños con desafecto familiar. Como fue el caso de Einstein. En esos casos, la motivación del profesor se convierten el remedio compensatorio de dicho déficit.

Compañeros de curso y pandilla

Después del profesor, los propios compañeros de clase ocupan el punto de referencia en las necesidades del niño. En algunas ocasiones se ponen por encima del profesor, especialmente en los varones.

Los compañeros serán más importantes cuanto más distantes se sienta a la familia y al profesor.

Los profesores deberían conocer mejor su importancia en la motivación.

Así, por ejemplo, deben saber que si Juan es quien se distrae, bastaría decir en voz alta que Pedro está muy atento en clase, para que Juan prestase atención en lo sucesivo. Este método indirecto es mucho más efectivo que si el profesor llama la atención a Juan para que no se distraiga.

Cuatro condiciones

Keller distingue cuatro condiciones para que se dé la motivación: 1° Interés; 2° Necesidad; 3° Expectativas; 4° Resultados o consecuencias.

1°. Interés:

Si no hay interés por aprender o hacer algo, no hay atención ni concentración, y la voluntad queda mermada, *atada de pies y manos*. Está en manos del profesor o los padres, que el niño tenga interés:

— Relacionándolo con lo que el niño sepa o le interese.
— Presentándolo con una dificultad o modo que provoque la curiosidad del niño.
— Haciéndolo familiar para que el niño lo relacione con algo de su entorno.
— Exponiéndolo de tal manera que suscite en el niño tener que preguntar o indagar por su cuenta.

2°. Necesidad:

Según el propio Keller, habría tres tipos de necesidad, que pueden desencadenar la motivación:

— *Necesidad de logro o rendimiento*: Si lo que ha de hacer o aprender está relacionado con algo anterior o posterior, es fácil que el niño entienda la necesidad que tiene de continuar con el siguiente escalón de la escalera que le lleva a lograr lo que quiere alcanzar.

— *Necesidad de pertenencia*: La persona humana es un ser social, gregario, que se proyecta siempre en el otro y sin el cual su actuación queda minimizada o no es necesaria.

— *Necesidad de poder.*

A estas tres descritas por Keller, habría que añadir una más:

— *La necesidad de llamar la atención.*

3º. Expectativas:

Las expectativas del niño y adolescente son fruto del concepto de sí mismo y lo eficaz que se considere.
Si es escasa o excesiva, en ambos casos, puede llevar al fracaso.

La confianza que padres y profesores ponen en el niño son pilares de su motivación.

Si ante un problema un niño piensa que lo más probable es que fracase, por experiencias anteriores o porque así se lo han advertido, lo normal es que no consiga superar el obstáculo. Al contrario, si cree que puede y así lo ha oído a sus padres y profesores, lo más probable es que lo supere.

A menudo son los juicios de los profesores los que hacen que un alumno sepa que puede solucionar un problema y lo solucione. Y al contrario.

4º. Resultados o consecuencias:

Si alguien estudió o hizo algo y el resultado conllevó una recompensa, esta generará la motivación necesaria para afrontar el estudio del siguiente texto o para hacer lo siguiente.

Si no hubo aquella primera recompensa, la motivación o no aparece o lo hace con menor intensidad.

De las motivaciones externas a las internas

Las motivaciones externas (premios y castigos, por ejemplo) pueden pasar a internas cuando, como consecuencia de las gratificaciones recibidas por cuanto se hizo con motivación externa, han sido tan satisfactorias en lo emocional y afectivo, que se acaban interiorizando.

Esto es muy frecuente con el estudio. Hay niños que estudian ocasionalmente por lograr un premio, y al hacerlo les satisface tanto emocionalmente el éxito conseguido de una nota y la repercusión en el entorno, que el conocimiento adquirido le mueve a seguir estudiando esa asignatura.

Evitar un fracaso o lograr un éxito

La mayoría de niños encuentran motivación para estudiar o hacer algo en intentar lograr un éxito. Pero hay otros cuya motivación radica en intentar evitar el fracaso que temen, si no lo consiguen hacer bien. Estos niños motivados por miedo al fracaso son:

- — Los que tienen dificultades para obtener resultados incluso mediocres: Para salir de este pozo, no deben ponerse metas demasiado altas ni demasiado bajas. Deben escoger metas accesibles, en las que pueda triunfar, y así aumentar su confianza.
- — Los que sacando resultados mediocres, presumen ante cualquier éxito: Deben ser alabados solo en lo que merece

la pena destacar de su logro y silenciar el resto, para que adquieran un mayor realismo sobre su capacidad.

— Los que eluden las tareas, escolares o domésticas: Deben mandárseles tareas que realicen bien y con cierta satisfacción desde el inicio e ir estimulándoles para resolver tareas cada vez más complicadas.
— Los serviles ante la autoridad o ante los compañeros más inteligentes.
— Los que por falta de conocimientos básicos, ven las tareas más difíciles de lo que son.

Como un piano

La persona es como un piano. Cuantiosas teclas, cuerdas que emiten notas capaces de infinitas melodías. Pero un piano en manos de un aficionado es incomparable a lo que puede dar de sí en manos de un prestigioso músico, capaz de las melodías más grandiosas de la humanidad.

Solo dependiendo de quien esté tras el piano. Porque el piano en sí es el mismo. Cuanto es capaz un niño y un adolescente, al igual que el piano, depende de quien esté detrás estimulando su motivación.

Controlar lo que ocurre

Cuando una persona e incluso un animal se da cuenta de que no puede controlar lo que le ocurre, ni controlar cómo le ocurre, se vuelve pasivo o tiende a huir de aquella situación:

— Dejando de aprender. Su motivación se derrumba.
— Otras, ausentándose. Si no le es posible físicamente fingiendo enfermedades, lo hará psicológicamente, con la imaginación.

— Aislándose.
— Mostrando pasividad.
— Indecisión.
— O agresión contra sí mismo, contra los profesores, padres, instituciones o contra los demás en general. Provocando comportamientos con los que espera ser castigado o expulsado.

Por el contrario, una persona siente que tiene el control de cuanto le ocurre y cómo sucede, cuando cree que los acontecimientos dependen de su propio comportamiento y habilidad.

Los niños que triunfan

Los niños que triunfan tienen la sensación de poderlo controlar todo.

Los que fracasan adquieren un sentimiento de minusvalía y escasa capacidad de control. Lo que quieren o desean se les escapa de las manos.

Si a los niños se les hace responsables y libres para conseguir sus logros, lo alcanzarán mejor que si se les obliga.

La influencia materna

Richard Teevan, de la Universidad de Albany (Nueva York), ha demostrado que cuando las madres reaccionan ante los logros de sus hijos de manera objetiva y neutral, aparece por lo general en el hijo la motivación de evitar un miedo al fracaso más que una necesidad de logro, que sería la óptima.

Los niños que se mueven por evitar el fracaso se fijan metas muy bajas para estar seguros de alcanzarlas y se niegan a correr riesgos en cuestiones intelectuales. Prefieren decir «*no lo sé*». Tirar la toalla, antes del combate.

Como consecuencia, reciben de la propia madre castigos o gestos de desaprobación y decepción. Por lo que su motivación decrece aún más.

La influencia paterna

Los estudios del profesor John McClelland revelan una estrecha relación entre la actitud del padre y el grado de motivación del hijo.

Muchos niños con excesiva necesidad de logro, también dañina, tienen padres distantes y demasiado exigentes.

Con poca comprensión de las verdaderas necesidades y facultades del niño, que insisten en exigirles una excelencia por encima de la realidad en lo que el niño intenta.

Solo la perfección les parece buena; pero hay estudios, como los de Turner, de la Universidad de Nueva York, que asocian estos padres desproporcionadamente exigentes, con hombres:

— Que se dedican profesionalmente a trabajar con objetos y no con personas.
— Que tienen pocas responsabilidades y escasas oportunidades de tomar decisiones independientes.
— Con pocas ocasiones de ejercer la autoridad en el trabajo, lo que buscan compensar en casa.
— Que supervisan a los hijos muy de cerca.
— Que los corrigen con formas demasiado agresivas.
— Y que ponen a los hijos límites muy estrictos en la expresión de su opinión y su propia personalidad.

Por el contrario, los padres de los niños con una saludable necesidad de logro —la óptima—, en su trabajo suelen enfrentarse más con las personas que con las cosas y ocupan puestos que implican responsabilidad y control sobre los demás.

Seis reglas de oro para motivar a un hijo

1. Empezar a alentar su independencia de pensamiento y acción lo más pronto posible.
2. Dejarle hacer las cosas por sí mismo, aunque dude y cometa errores.
3. Recompensarle por sus éxitos. Una palabra de elogio suele ser suficiente. Pero la reacción ante los fracasos ha de ser neutra. No demostrar ningún disgusto. Tratar de ver lo positivo. Indicar la solución de lo negativo y aprovechar el error como valiosa experiencia.
4. Convencerle de un lema: «*El trabajo, aún haciéndolo mal, siempre es valioso*». Lo que implica que nunca se ha de renunciar a una tarea porque no pueda lograrse la perfección en ella. Que el niño intente lo que crea conveniente, aunque se intuya que fracasará. El ser humano, porque es inteligente, necesita experimentar sus propias limitaciones. Y en consecuencia, tener en cuenta los consejos sabios de sus padres, no va contra su personalidad.
5. En su aprendizaje, no tratar de evitarle cada posible golpe o contratiempo.
6. No ver a los hijos como quienes realizarán las ambiciones de los padres. Puede ser, de forma natural, que los hijos manifiestan gusto por las aficiones que vieron en sus padres, pero han de ser ellos mismos, libremente, quienes opten por ellas y se exijan en consecuencia.

11

Esfuerzo + Necesidad = Capacidad

La capacidad del ser humano es inimaginable. Cualquier persona ha visto a su alrededor, cercanamente o mediante los medios de comunicación, ejemplos de personas que demuestran una capacidad mayor de lo que se podría pensar que el ser humano es capaz de soportar.

Ninguna persona conoce realmente sus límites. De sufrimiento, felicidad, esfuerzo, ni de logro.

Nadie imagina lo que le depara la vida tras una puerta que se abre.

Dicen que *querer es poder*

Se dice que *querer es poder*. Que quien pone los medios, consigue lo que busca. Dicho de otro modo, que es capaz de algo quien se lo propone y pone los medios acertados que le llevan a lograrlo.

Así, la capacidad del hombre sería cuestión de voluntad. Pero la realidad es que muchas personas se proponen metas que no alcanzan. Que quieren poner voluntad y no la ponen. Que no saben dónde encontrar la voluntad. Que no saben siquiera que es la voluntad ni cómo ser voluntarioso.

Querer es poder. Muchos quieren poder. Lo desean. Y no lo logran. La razón es que no es una cuestión de desear, ni siquiera de diseñar los pasos adecuados. Sino de llevarlos a cabo. Tan difícil como eso. Porque muchos niños y adolescentes se ven en el conflicto que les genera frustración y ansiedad de querer algo, pero no hacer nada eficaz para ello o no lo suficiente, y en consecuencia no poder. ¿Saben acaso dónde encontrar las fuerzas reales para hacer lo que aún les falta para conseguir lo que quieren?

Desear no basta. Ya lo saben. Pero experimentan cómo el desear algo va creciendo cada vez más y no aciertan en el diseño de los medios o les faltan las fuerzas en su ejecución. Y el resultado es que no son capaces de lograrlo. Y se sienten mal.

Para lograr algo hay que ser capaz de hacerlo y realmente hacerlo. Pero cómo y dónde encontrar las fuerzas para poner los medios.

¿Cómo?

1º Convenciéndose de la capacidad que tiene el ser humano de lograr la meta que se propone, si pone los medios.

2º Seleccionando y diseñando adecuadamente esos medios que le llevarán a conseguirlo. A veces tendrán que preguntar a alguien experimentado en conseguir la misma meta.

3º Convencerse de que necesita lograrlo. Vitalmente.

4º Convencerse de que es capaz de poner el esfuerzo que requiere la meta que desea. Pensando en momentos en los que sí lo puso. Por ejemplo cuando hacían algo que le gustaba: deporte, *hobbie*. Imaginarse esa agradable tarea que realizó con esfuerzo y que luego le llenó tanto. E imaginarse capaz del esfuerzo que le llevará al fin que le hará tan feliz.

5º Poner ese esfuerzo. Algo que quizá no está acostumbrado a hacer, pero puede si siente la necesidad tan intensamente como el deseo de conseguir la meta.

La voluntad, a la que dediqué un capítulo en *Guía para ser buenos padres de hijos adolescentes* (Toromítico) donde explicaba más extensamente esta idea, es solo cuestión de necesidad. Quieres, tienes necesidad, pones esfuerzo... entonces, puedes.

Al poner esfuerzo y añadir la necesidad, la capacidad de cualquier persona se activa. A mayor esfuerzo y mayor necesidad, mayor capacidad.

El niño y el adolescente, como el resto de personas, no conocen sus límites en el esfuerzo cuando realmente están motivados. Se ignora cuánto puede sufrirse hasta el momento en que no le queda a alguien más remedio que hacerlo. O alegrarse. Emocionarse y fruto de ello hacer el esfuerzo.

Igual que no se es consciente de la capacidad de esfuerzo, tampoco se es consciente de la necesidad de algo, y por eso el ser humano a menudo se incapacita. Se cree incapaz y acaba resultándolo en la práctica.

Podría, pero no es capaz. Podría, pero no se esfuerza. Podría, pero no es suficientemente consciente de cuanto lo necesita en realidad. No pone emoción al diseño racional de cómo lograrlo. Y el resultado es que no lo logra. Podría, pero no resulta capaz.

Todos los seres humanos tenemos una capacidad infinita a efectos prácticos. Si ponemos no solo deseo, sino esfuerzo y tenemos necesidad real y humana de ello.

12

Las propias actitudes

La silla de la inteligencia humana se sustenta sobre cuatro patas:

— La imagen de uno mismo.
— La motivación.
— La habilidad para resolver problemas.
— Y la actitud.

La actitud es la disposición de una persona frente a la realización de alguna tarea determinada. Expresada con sinceridad dice mucho más de lo que uno se imagina a simple vista.

Pero con frecuencia, los niños y adolescentes callan sus verdaderas actitudes. Tratan de ocultarlas, disimularlas. Por miedo a entrar en conflictos con los padres u otros adultos. Muchos niños prefieren callar a cambio de mantener la paz familiar.

Solo cuando les fuerzan a elegir entre lo que creen que son sus verdaderas necesidades y el punto de vista de los demás, es cuando —quizá— muestren sus actitudes reales.

La actitud puede ser positiva, negativa o indiferente.

— *Positiva:* cuando el niño desea llevar a cabo la tarea y lo que dice, piensa y hace le acerca a conseguirlo.
— *Negativa:* cuando todas sus manifestaciones le apartan del objetivo perseguido. Alguien tiene motivación negativa cuando evita acercarse a la tarea que ha de realizarse. Incluso detesta que le aproximen a ella.
— *Indiferente:* cuando le da igual hacer una cosa o dejar de hacerla. La actitud indiferente, por sus resultados, tiene tendencia a ser negativa y a no hacer nada, por comodidad.

Como todo acto está precedido por una actitud, es importante el tipo de esta.

Los padres ocupan el lugar de preferencia, y tras ellos, los profesores, en la actitud frente al aprendizaje, tan positiva como negativa. De ahí la gran responsabilidad de los padres y profesores en cuanto dicen, hacen o piensan acerca de la actitud de un hijo y alumno. Los comentarios positivos que no se hacen también influyen en la actitud del niño. Tanto por los profesores como por los padres.

La labor del profesor es que sus alumnos disminuyan su actitud negativa y esta pase a positiva, acercándose a la tarea que conviene.

Al terminar un curso, los alumnos se han debido acercar más y mejor a cada asignatura y haber encontrado en el contacto agradable con ella, la satisfacción de muchas respuestas, y la motivación por aprender.

Si como a menudo ocurre, al acabar el curso, el alumno no quiere ni oír hablar del contenido de una asignatura cursada, ello significa que tanto el profesor como el alumno han perdido su talento y su tiempo.

Prácticas positivas

Entre las posibles prácticas positivas, de un profesor o un padre, destacan por eficacia:

— Admitir las respuestas de los hijos o alumnos, ya sean correctas o incorrectas. Corresponder a ellas con comentarios de aceptación en lugar de rechazo.
— Apoyar o recompensar las respuestas de aproximación a la tarea.
— Facilitar el mayor número posible de éxitos.
— Dar a conocer a los niños dónde se espera que lleguen.
— Adecuar la enseñanza a lo hay sabido, evitando repetir lo que conoce y apoyándose en lo que ya se sabe.
— Facilitarle al niño la implicación en la elección de cuanto ha de aprender, al menos en parte.
— Procurar que el niño ponga en juego su hemisferio derecho.
— Facilitar al niño libertad.
— Enseñarle que ha de resolver por sí mismo los problemas.
— Fragmentar la materia razonablemente para que sea más asequible.
— Disponer siempre de tiempo.
— Conocer la materia.
— Presentar la materia de forma atractiva y sugerente.
— Explicar con claridad.
— Pedir y respetar las opiniones de los hijos o alumnos.
— Transmitir optimismo.
— Comportarse como se quiere que se comporten los hijos y alumnos.
— Sonreír en el proceso del aprendizaje.
— Evitar los comentarios negativos.

Cuestionario

A continuación presentamos un cuestionario que puede realizar el niño o adolescente para conocer mejor cuál es verdaderamente su actitud.

Sin comentarios ni sugerencias por parte de los adultos, el niño ha de elegir entre las siguientes opciones que se plantean:

1. ¿Cuál de los siguientes niños preferirías como amigo?

A. Roberto: un chico joven, de tu edad, que en al aire libre está probando su nuevo aeroplano teledirigido.
B. María: una chica joven, de tu edad, que con pelo corto y ropa cómoda al aire libre monta en bicicleta.
C. David: un chico joven, de tu edad, que te mira y sostiene unos libros entre sus brazos cruzados, en una biblioteca.
D. Ana: una chica joven, de tu edad, que mira pensativa al infinito, mientras piensa cómo va a resolver un problema matemático de ángulos.

2. ¿Qué regalarías?

A. Un mp4 para escuchar música.
B. Un juego de experimentos químicos.
C. Una caña de pescar y una cesta donde llevar lo necesario para un día de pesca.
D. Una calculadora.

3. ¿Qué libro te parece más interesante por su título?

A. Cómo funcionan los motores de los coches.
B. Cómo acampar en el monte.

C. Cómo practicar diversos deportes.
D. Cómo jugar al ajedrez.

4. ¿A qué actividad te gustaría más dedicar el día entero?

A. Lectura.
B. Deportes.
C. Arte.
D. Danza.
E. Ciencias.
F. Trabajos manuales.
G. Matemáticas.

5. ¿Qué trabajo te parece más interesante?

A. Científico.
B. Ingeniero.
C. Granjero.
D. Deportista.

6. ¿Qué profesor consideras mejor?

A. El que os ayuda a trabajar y mantiene el orden en clase.
B. El que dice cosas divertidas y os entretiene.

7. Cuando tienes tiempo libre, ¿a qué te gusta de verdad dedicarlo? Elige dos de las opciones.

A. Leer un buen libro, cómodo.
B. Escuchar tu música preferida.
C. Montar la maqueta de un avión.
D. Ver la práctica de algún deporte en la televisión.

8. El siguiente dibujo representa una clase. ¿Si fuera la tuya dónde preferirías sentarte?

9. Si te pidieran que escribieses un cuento, ¿qué te gustaría más escribir?

A. Sobre un viaje espacial y luchas contra monstruos alienígenas.
B. Una visita al lugar más famoso del que hayas oído hablar.
C. Tu programa favorito de televisión.
D. Algún trabajo u oficio.

10. ¿Con cuál de los siguientes niños preferirías jugar?

Uno muy animado, que sabe inventar juegos y está siempre en los primeros puestos de la clase.
Uno con el que es divertido estar y se le ocurren cosas interesantes que hacer, para jugar todo el tiempo.

Puntuación

Adjudica una A o una B de la siguiente manera:

1. David o Ana: A
   Roberto o María: B
2. Juego de química o calculadora: A
   Mp4 o avíos de pesca: B
3. Cómo funcionan los motores de los coches o Cómo jugar al ajedrez: A
   Los otros títulos, ninguna puntuación.
4. Lectura, matemáticas, ciencias: A
   Arte, deportes, danza, trabajos manuales: B
5. Científico o ingeniero: A
   Deportista o granjero: B
6. El primer maestro: A
   El segundo maestro: B
7. Las maquetas y la lectura: A
   La televisión y la música: B
8. Primera fila: dos A. Segunda fila: A. Tercera fila: B. Cuarta fila: dos B.
9 La primera y la última respuesta: A
   La segunda y la tercera: B
10. El niño número 1: A
   El niño número 2: B

Suma el total de A y B obtenidos, por separado.

Se pueden obtener un máximo de 13 A o de 12 B. Pero en la mayoría de los casos, se dará una mezcla.

Ahora los padres pueden responder por su cuenta el mismo cuestionario. Juntos si tienden a coincidir o por separado si hay divergencias en la elección de opciones entre ellos. Mejor por separado, en caso de duda.

Con ambos resultados, el de los padres (en horizontal) y el del hijo (en vertical), se puede valoran de la siguiente forma:

PUNTUACIÓN DE PADRES / **PUNTUACIÓN DE NIÑOS**	**3 o más A que B**	**Más o menos el mismo nº de A que B**	**3 o más B que A**
3 o más A que B	Niño positivo y padres positivos	Niño positivo y padres indiferentes	Niño positivo y padres negativos
Más o menos el mismo nº de A que B	Niño indiferente y padres positivos	Niño indiferente y padres indiferentes	Niño indiferente y padres negativos
3 o más B que A	Niño negativo y padres positivos	Niño negativo y padres indiferentes	Niño negativo y padres negativos

13

La imagen de sí mismo

La imagen que los niños intentan mostrar ante los demás, generalmente es poco coherente con cómo son realmente. Los hechos a menudo contradicen la imagen que quieren que se tenga de ellos.

Los niños entonces evitan las preguntas porque no saben cómo responderlas.

Para conocer cuál es la imagen de sí mismo de un niño o adolescente, y las consecuencias de ello, bastaría que contestara las siguientes preguntas:

1. Creo que soy inteligente:

   A. Nunca
   B. A veces
   C. Casi siempre
   D. Siempre

2. Creo que soy capaz de hacer las cosas bien:

A. Nunca
B. A veces
C. Casi siempre
D. Siempre

3 Soy bueno en los trabajos escolares:

A. Nunca
B. A veces
C. Casi siempre
D. Siempre

4. Soy cuidadoso:

A. Nunca
B. A veces
C. Casi siempre
D. Siempre

5. Buen deportista:

A. Nunca
B. A veces
C. Casi siempre
D. Siempre

6. Capaz de hacer cosas por mí mismo:

A. Nunca
B. A veces
C. Casi siempre
D. Siempre

7. Feliz:

A. Nunca
B. A veces
C. Casi siempre
D. Siempre

8. Servicial:

A. Nunca
B. A veces
C. Casi siempre
D. Siempre

9. Obediente:

A. Nunca
B. A veces
C. Casi siempre
D. Siempre

10. Tengo facilidad para hacer amigos:

A. Nunca
B. A veces
C. Casi siempre
D. Siempre

11. Soy amable:

A. Nunca
B. A veces
C. Casi siempre
D. Siempre

12. Soy igual que los demás:

A. Nunca
B. A veces
C. Casi siempre
D. Siempre

13. Tengo prestigio

A. Nunca
B. A veces
C. Casi siempre
D. Siempre

Teniendo en cuenta que la mejor respuesta es la que se ocurre de inmediato y que el niño o adolescente ha de responder sin ayuda ni comentarios a este cuestionario, el resultado sería:

Adjudicar 1 punto a cada respuesta «*A veces*» y 2 puntos a cada «*Nunca*». Así:

— *De 0 a 10 puntos*: La autoimagen es buena. El niño está bien adaptado.
— *De 11 a 18 puntos*: La autoimagen es moderadamente buena, pero necesita ayuda para mejorar ciertos aspectos.
— *19 o más*: La imagen de sí mismo es mala.

Comportamientos según la imagen

Según la imagen que de sí mismos tengan los niños, así se tenderán a comportar.

Los niños que han obtenido entre 0 y 10 puntos son:

— Activos.
— Despabilados.
— Deseosos de nuevas experiencias.
— Amistosos.
— Confiados.
— Bien adaptados.
— Exponen con facilidad sus ideas, sentimientos y deseos.
— Resultan a veces traviesos y aficionados a las bromas, aún cuando sean ellos mismos las víctimas.
— Sienten curiosidad por lo externo a la familia y les encanta explorar los ambientes extraños.
— Hacen muchas preguntas y no se satisfacen fácilmente con una respuesta cualquiera.
— Suelen tener más capacidad de lo ordinario y les encanta que se les planteen problemas y resolverlos.
— Llevan a cabo sus tareas con tenacidad.
— Responden o expresan sus opiniones, aún sin estar seguros.
— Casi nunca recurren a la mentira, trampas o intimidación para conseguir lo que quieren.
— Se siente algo superiores a sus compañeros.
— Se adaptan bien. Tanto en la sociedad como en la escuela.
— Demuestran menos ansiedad ante la vida.
— Parecen felices la mayor parte del tiempo.
— Cuando tropiezan con dificultades, las solventan sin demasiado esfuerzo.

Los niños que han obtenido una puntuación de 19 o más puntos son:

— Niños menos activos.
— Acostumbran a evitar los nuevos estímulos y las situaciones no familiares.
— Parecen tímidos, retraídos, pasivos y poco deseosos de mezclarse en sociedad.
— Se muestran hipersensibles a las bromas de los demás, y la intimidación les angustia.
— Tienden a la fantasía y reaccionan a la tensión, soñando despiertos.
— Les cuesta trabajo concentrarse en clase.
— Les inquietan exageradamente los problemas ante los que tienen que enfrentarse.
— Solicitan ayuda con frecuencia.
— Dudan de su capacidad para resolver los problemas y encontrar la solución por ellos mismos.
— A veces tratan de compensar su aislamiento con la mentira, intimidación y trampas. Con obstinación.
— Presentan más ansiedad que la mayoría y se preocupan en exceso por cosas que otro niño despreciaría o ignoraría.
— Dan la impresión de sentirse infelices o deprimidos la mayor parte del tiempo. Sobre todo en la escuela.
— Padecen dificultades como: insomnio, pesadillas, falta de apetito, incontinencia nocturna, rechazo a la escuela... Además de una serie de enfermedades leves, sin aparente causa física.

Los niños que han obtenido entre 11 y 18 puntos son:

— Reaccionarán de una manera u otra, dependiendo de la situación. Pero raras veces en grado extremo.

Competencia y autoestima de los niños y adolescentes

Si en el cuestionario anterior, la puntuación fue:

— *De 0 a 3 puntos*: El niño se siente muy competente. Experimenta pocas dudas. Tiene fuertes sentimientos de autoestima y está satisfecho de su personalidad, comportamiento y apariencia.
— *De 4 a 9 puntos*: El niño se siente medianamente competente y confía moderadamente en sí mismo. Necesita alguna ayuda para mejorar su autoestima.
— *10 o más puntos*: El niño se siente incompetente, en general inútil e insatisfecho con su personalidad, comportamiento y apariencia. Necesita una ayuda comprensiva para apoyar su sentimiento de competencia.

14

Consejos prácticos para mejorar la concentración

Es muy recurrente para profesionales de la psicología y la educación decir que un alumno presenta déficit de atención y concentración.

Hoy es tan frecuente que el diagnóstico no ha de ser nuestra preocupación. Al menos no tanto como saber el modo de evitarlo.

La concentración es, según la definió Webster: «*la orientación de la atención*», sobre algo.

Si mientras alguien lee, se le ocurre: ¡Qué hambre tengo!, ¿Qué comeré hoy?, ¿Dónde estará Fulanita?, ¿Qué pasará con aquel problema?, es evidente que no está concentrado.

La falta de concentración es uno de los principales motivos del escaso rendimiento de horas de estudio, o del tiempo pasado ante los libros abiertos.

La concentración está íntimamente relacionada con la buena lectura, con su velocidad y comprensión.

Es mayor la concentración cuanto más sentidos se activan al captar el mensaje de lo que se lee.

Por eso mejorará mucho la concentración si se sigan los consejos que veremos en el capítulo *Leer mejor.*

Por ahora, recordemos algunas sugerencias efectivas.

Consejos para concentrarse mejor

Ya que concentrarse es orientar la atención, es preciso aprender a evitar las distracciones internas y externas:

— *Preparándose antes de empezar a leer.* Programando el tiempo a fin de no tener que interrumpirlo para hacer otras cosas.

— *Eligiendo un lugar adecuado.*

— *Eliminando interrupciones.* Colocándose lejos de teléfonos que puedan sonar, teniendo el material necesario al alcance de la mano, preparándose todo lo que sea necesario para no tener que levantarse en el tiempo previsto.

— *Eliminando distracciones acústicas.* Procurando el mayor silencio posible, si el niño o adolescente es de las personas que necesitan silencio absoluto para concentrarse. Algunas personas creen que la música les ayuda a concentrarse. Si esto ocurre de verdad, es porque una determinada música puede ayudar a enmascarar otros ruidos del ambiente y ayudarnos de verdad a concentrarnos. Así ocurre igualmente por ejemplo con el sonido rítmico de una bomba de agua de un acuario. Cuyo ritmo puede ayudar a la concentración y ni siquiera llegar a oírse. O lo contrario, dependiendo de la persona. En cualquier caso, la música a gran volumen no ayuda, porque tiende a agotar los esfuerzos y la concentración.

— *Encontrando el momento adecuado.* Si se tiene un hábito en el horario de hacer algo o estudiar, es más fácil que se haya habituado a condicionar los preparativos de ponerse a hacerlo, con la concentración, y le resulte más fácil hacerlo en ese momento particular del día.

— *Marcándose unos objetivos.* Unos objetivos concretos y razonables de velocidad y tiempo ayudan a la concentración.

— *No retrasando las tareas.* Haciéndolas ahora.

— *Evitando en lo posible inquietudes.* En un momento de estrés, de asalto de problemas, de toma de decisiones complejas es más difícil concentrarse. Habrá que eliminar estas incertidumbres antes de pretender concentrarse o simplemente poner más empeño en la letra escrita que se lee y los anteriores consejos dados, para poner todos los medios posibles, conociendo la dificultad añadida que tiene en estas circunstancias la concentración.

— *Evitando la indisciplina.* Algunas personas no se concentran porque nunca se han exigido a sí mismas. Les parece muy difícil empezar una tarea y mantenerse haciéndola hasta acabarla, si no les apetece en ese momento. Si así es, habrá que tomar estos consejos que estamos dando sobre la concentración como una buena oportunidad de llegar a mejorar también en la autodisciplina.

— *Desechando la actitud negativa.* Es posible que no agrade el material que hay que leer o la tarea que hay que hacer. Conviene pensar en tal caso que la tarea ha de hacerse y solo uno puede hacerla. Y centrarse en los consejos anteriores.

— *Evitando la fatiga mental.* Si se está muy cansado, será más difícil la concentración y habrá que elegir otro momento. Empeñarse en hacer algo cuando el cerebro no tiene fuerza por la hora que es, por ejemplo, resulta ilógico y nada práctico. Acostarse y dormir si es muy tarde, o tomarse una pausa de diez minutos, es mucho más efectivo.

— *Practicar y aumentar la capacidad de concentración.*

Si una persona necesita momentos de gran concentración, ha de practicar estos consejos dados en otros momentos de menor presión al principio, para coger el hábito de concentrarse. Nadie es capaz de concentrarse mucho durante un periodo de tiempo muy largo. Hay que empezar por eso por tiempos menores: 5 minutos, 10, 20.

15

La atención

Es la facultad del cerebro por la que se puede dirigir la actividad hacia algo concreto, de manera voluntaria. La atención es un estado afectivo.

No se suele marcar, grabar, nada en el cerebro, sin que previamente haya despertado el interés, sin que afecte. De la misma manera, no se puede recordar algo sin haberle prestado atención al observarlo o vivirlo. Para recordar algo hay que haber prestado atención al percibirlo. Solo se puede fijar en el cerebro las cosas y situaciones que han interesado, agradables o desagradables.

Así, cualquier estudiante que se enfrente a una materia que tenga que aprender, debe pensar con seriedad —concentración— cómo conseguir recordar mejor eso leído, visto o escuchado.

La atención no es favorecida por el contenido ni el significado de lo que ha de atenderse. Cuando un contenido tiene un significado que resulta familiar para quien ha de aprenderlo, tanto el interés, la atención como el afecto, son los que favorecen el aprendizaje y la memoria; no solo la atención.

La falta de aprendizaje o de memoria obedece a un déficit de atención, no a un déficit de inteligencia. Cuando se está interesado y atento, todo lo que cae en el campo del interés y la atención, se sobrevalora y recuerda con mayor facilidad. Lo que no, es despreciado.

El ser humano tiene la facultad de controlar y disponer voluntariamente de ese mecanismo y puede prestar atención e interés a los que quiere.

Hemos visto en el capítulo anterior una serie de sugerencias prácticas para mejorar la concentración, pero para lograr la atención en realidad bastaría una fuerte voluntad y actitud, para lograr la atención. Aún así, cuando falta esa fuerte voluntad y actitud, son muy efectivos los siguientes consejos.

Cómo lograr una mayor atención

Por medio de la relajación, dominando la imaginación y ejercitando la atención.

Relajación previa:

Para poder prestar atención adecuadamente se ha de estar relajado; en caso contrario, el aprendizaje y el recuerdo encuentran dificultades.

La falta de relajación provoca distracciones, falta de concentración y una mente rígida, que se resiste a asimilar algo nuevo. Para aprender a relajarse dedicaremos un capítulo posterior, dada su importancia, por tanto. Por ahora aconsejaremos para empezar a relajarse y prepararse para la concentración, los siguientes ejercicios:

— Dibujar espirales, en el aire. Cada vez más grandes.
— Luego círculos cada vez más grandes.
— Ahora cada vez más pequeños.

— Trazar el signo infinito.
— Imaginarse la cola de un tren en marcha, que se pierde a lo largo de la vía.
— El tic-tac de un reloj, durante un tiempo.
— Las olas golpeando la orilla de una playa, rítmicamente.
— Una nube que cruza el horizonte.

DOMINAR LA IMAGINACIÓN:

Para ello, se podrían hacer los siguientes ejercicios:

— Representar cierto número de objetos, cifras o letras, e ir en la imaginación eliminándolos uno a uno desde el principio al final.
— Imaginar el 1. Escribiéndolo y pronunciándolo mentalmente. Tres veces seguidas, sin pensar en nada más.

EJERCITARLA:

— Con ejercicios que consigan estimular los sentidos, lo que se puede hacer eficazmente con juegos agradables de precisión visual, acústica, manual... Algunos de los cuales se describieron en el capítulo 3.
— También con los ejercicios contenidos en los epígrafes que siguen.

Atención y aprendizaje

Cuando la atención es excesiva se produce cansancio, fatiga mental. Pero no suele ocurrir normalmente, porque el organismo pone entonces en marcha el mecanismo de la distracción para impedirlo. De hecho, la distracción consiste en realidad en la fijación de la atención en otra cosa.

La dificultad en aprender se debe a menudo a una incapacidad para fijar la atención. Pero no es algo constitutivo del cuerpo humano, sino adquirido.

Todo aprendizaje en el niño o adolescente tiene un origen afectivo. Aprende para pasar un examen, para complacer a los padres, al profesor, por adquirir prestigio ante los compañeros o porque algo le gusta. Por cualquier motivo, pero un motivo afectivo. Y es el afecto quien mejor mueve la atención.

Qué estímulos ayudan a prestar la atención sobre algo

Nos llama más la atención y hemos de buscar al aprender, de forma práctica:

- Lo novedoso. Lo que vemos por primera vez.
- Lo que presenta matices diferentes a los que ya estábamos acostumbrados y nos resultan familiares y conocidos. Por eso es preciso emplear una serie de técnicas en la toma de notas y subrayado para poder estudiar un texto, y que analizaremos en un capítulo posterior.
- Lo que se nos presenta con intervalos de tiempo más distanciados.
- Lo que muestra una mayor complejidad y necesita una mayor atención para percibir todas sus partes o elementos.
- Lo que está en movimiento.

¿A qué conduce la falta de atención?

A pensar en otra cosa y escapar psicológicamente, convirtiéndose en un sujeto desatento pasivo (no haciendo nada), activo (dedicándose a otra cosa: hablar, moverse, molestar) o esporádico (el caso de un alumno que se evade y se concentra, intermitentemente en una clase).

La atención es muscular, sensorial, consciente e inconsciente, por lo que es cierto el dicho: «*aquel al que nada se le escapa, triunfa en todo*». Y el que podríamos formular como su contrario: *a quien se le escapa todo, no triunfa en nada.*

Más ejercicios para mejorar de atención

1. A cada uno de los números del 1 al 5 le corresponde un símbolo en la CLAVE. Coloca en el resto de casilleros (A,B,C,D) el símbolo que le corresponde a cada número.

A	1	4	3	2	5	3	1	2	4	3	1	2	1	4	3	4

B	2	1	3	1	5	3	5	2	3	5	3	1	5	2	3	1

C	1	4	3	5	2	3	1	4	1	3	2	1	5	3	4	1

D	2	4	5	1	2	3	1	4	5	2	4	1	3	2	1	4

CLAVE	1	2	3	4	5
	ð	U	>	X	O

2. Coger un texto cualquiera, de cualquier periódico por ejemplo, y en 20 líneas de una columna, cronometrar cuánto se tarda en señalar todas las letras «*c*» que aparecen. Luego volver a cronometrar cuánto se tarda en señalar las «*a*». Para ver si

mejora la concentración y atención. Se mejora si se disminuye el tiempo empleado. Se puede probar con otras letras, o teniendo que señalar dos o tres a la vez.

3. Test de Toulouse: tacha a la mayor velocidad posible los símbolos iguales a los del recuadro.

Ũ	Ū	Ŭ	Ů	Ű	Ų	Ũ	Ű	Ų	Ŭ
Ū	Ũ	Ų	Ů	Ű	Ū	Ŭ	Ũ	Ů	Ű
Ų	Ŭ	Ū	Ũ	Ů	Ű	Ū	Ų	Ũ	Ŭ
Ŭ	Ű	Ū	Ũ	Ů	Ų	Ŭ	Ů	Ū	Ű
Ũ	Ů	Ų	Ũ	Ų	Ů	Ű	Ū	Ŭ	Ů
Ų	Ũ	Ű	Ŭ	Ū	Ű	Ů	Ų	Ū	Ũ
Ů	Ų	Ū	Ű	Ũ	Ů	Ų	Ű	Ů	Ū
Ũ	Ŭ	Ū	Ů	Ű	Ų	Ů	Ŭ	Ū	Ũ
Ũ	Ű	Ū	Ŭ	Ų	Ů	Ũ	Ū	Ų	Ů

Ű Ŭ Ũ

El resultado de este test indica:

— *Nivel alto de atención*: si los errores no pasan Del 10%.
— *Nivel bajo de atención*: si el número de errores más omisiones es superior al 50% de los signos tachables.
— *Nivel profundamente bajo*: si las omisiones exceden el 20% de los cuadros tachables.

4. Contar con rapidez desde el 100 hacia el 0, de dos en dos. Seguidamente hacerlo de tres en tres.

16

Cómo potenciar la memoria

La memoria es la capacidad de recordar en el presente lo vivido o aprendido en el pasado. El problema del estudiante no consiste solo en almacenar conocimientos, sino en guardarlos en donde pueda usarlos cuando los necesite.

«*¿Para qué estudiar si al final se va a olvidar?*», podría pensar alguien. O «*Estudiaré mejor mañana para que no se me olvide cara al examen de pasado mañana*». Ambas posturas son nefastas para un estudiante que aspire a aprender.

Es preciso por eso saber cómo se puede aprender para memorizar más fácilmente cuando se requiera.

De qué depende

La memoria no es innata, sino adquirida. Depende fundamentalmente del uso que se hace de ella. Es fruto, por tanto, de la disciplina, de la voluntad, del esfuerzo, del tiempo y de la práctica de los aspectos que la facilitan.

Tipos

- *Consciente* (se evoca un recuerdo).
- *Inconsciente* (recuerdo que viene sin buscarlo). El aprendizaje suele reactivarse por la memoria más de un modo inconsciente que consciente.
- También puede ser *inmediata*. Menos duradera. Suele ser visual.
- *A corto plazo*. Por ejemplo la de los números de teléfono. Suele ser más una memoria oral.
- *A largo plazo*. Acumulación de hechos significativos que perduran. Suele ser conceptual.
- *Repetitiva*. Que apenas tiene que ver con el aprendizaje.
- *Comprensiva*. Que establece asociaciones lógicas entre lo que ya se conocía y cuanto se acaba de adquirir. Que facilita el verdadero aprendizaje.

Pasos de la memoria

Aunque como luego veremos, se puede memorizar sin comprender lo memorizado, pero no se trata de un auténtico aprendizaje. Para aprender de verdad, la memoria requiere los siguientes pasos:

1. *Comprensión* de lo que se pretende aprender.
2. *Fijación*. En la que tiene que ver mucho los mecanismos analizados en la atención y concentración.
3. *Retención* o conservación de los recuerdos. Lo que dependerá en gran parte de lo visto en la atención, concentra-

ción y en este propio capítulo, respecto a la frecuencia de la revisión.

4. *Evocación.* Renovar, sacar al plano de la consciencia lo que en su día se aprendió. Lo que tiene lugar gracias a la asociación lógica, pero también ilógica, artificial e ingeniosa que lo aprendido establece con el momento en que se requiere su recuerdo.
5. *Reconocimiento.* Relacionar el recuerdo con el presente, lo aprendido con lo vivido, como un todo que forma parte de lo que es la persona que vivió, vive y recuerda.

Ejercicios

Para facilitar la memoria, se puede:

— Al adquirir los conocimientos, no pasar de los aspectos particulares a los generales sin haber comprendido los primeros.
— Estudiar con la siguiente secuencia:
  1. Primer párrafo solo.
  2. Segundo párrafo solo.
  3. Repasar el primer y segundo párrafo.
  4. Tercero solo.
  5. Primer, segundo y tercer párrafo.
  6. Cuarto solo.
  7. Primero, segundo, tercero y cuarto.
— Percibir correctamente lo que se querrá recordar.
— Leer con una finalidad determinada y clara lo que se espera recordar.
— Realizar ejercicios como:
  1. Mirar durante 30 segundos un dibujo y después, ponerlo boca abajo e intentar trazar sus detalles.
  2. Tras una lectura, quedarse con las palabras claves para reconstruir lo leído.

3. Tras una conversación, revisar los puntos más importantes para reconstruir su contenido.
4. Al aprender algo, relacionarlo con algo que resulte ya conocido.

— Recordarlo con repasos de la siguiente cadencia:
1. La primera revisión a los 10 minutos, tras un aprendizaje de 50 minutos estudiando.
2. Segunda revisión: 15 y 24 horas después del primer aprendizaje.
3. Tercera revisión: A la semana aproximadamente.
4. Cuarta revisión: Al mes aproximadamente.

Aunque en el capítulo siguiente volveremos sobre esta propuesta, con un gráfico.

Pero la memoria suele rememorar lo estudiado y sucedido mezclando otros recuerdos que se dieron al tiempo o parecidos. Así casi nunca recordamos exactamente lo que sucedió como sucedió. Para evitar esta distorsión es preciso al querer grabar algo, intentar hacerlo lo más limpio posible, de ahí la importancia de los consejos que sugerimos al hablar de la concentración y atención.

Memorizaremos mejor si cumplimos con las normas que facilitan la atención y la concentración. Recordemos por ello, aunque sea esquemáticamente, los factores que más influyen en una memoria efectiva.

Factores que favorecen la memoria

— Presentación limpia y atrayente de lo que se va a aprender.
— Percibir sin distorsión lo que ha de aprenderse. Sin tachones, dibujos excesivos que nos distraigan de las letras, por ejemplo.
— Si se emplean diferentes sentidos para percibir algo, esto

se graba más. Si se ve algo se graba una vez. Si se ve y se oye al mismo tiempo, se graba doblemente.

— Comprender lo que se quiere aprender.
— Con verdadero interés.
— Con buena actitud.
— Con atención espontánea. Se da cuando el tema es suficientemente interesante para mover la atención.
— Con atención voluntaria. Se da cuando aunque el tema no es suficientemente interesante por sí mismo, se pone voluntad para que así resulte.
— Con una adecuada concentración.
— Poniendo un fin y objetivo al hecho de aprender algo.
— Estando preparado para que el grado de dificultad no supere a quien intenta aprender algo.
— No estando agotado mentalmente.
— En adecuado lugar para evitar distracciones.
— Sin distracciones ocasionadas por problemas familiares o sociales más importantes que el estudio.
— Poniendo el esfuerzo que requiere cada paso.
— Interesando lo que se ha de aprender.
— Estando descansado y sin sueño.
— Sin hambre.
— Sin ansiedad.
— Motivado.
— Correspondiendo a cada esfuerzo con un tiempo de descanso. Por ejemplo el cerebro funciona muy bien con 5 minutos de descanso cada 25 de estudio intenso.
— Nunca recurrir a drogas ni estimulantes. Dejar de sentir fatiga es un peligro en sí. Al agotamiento tras los efectos de la droga le sigue cierta depresión. Y esta se vuelve hábito.
— Planificar el estudio a corto, medio y largo plazo.
— La relajación sistemática favorece la atención, concentración y retrasa la fatiga.

— Organizar antes de iniciar el estudio el material que se puede necesitar.
— Ir asociando las ideas que se leen a otras que ya se tienen en la memoria.
— Tratar de descubrir en lo que se estudia algún aspecto agradable, incluso en los temas menos atractivos.

Técnicas para memorizar

Tradicionalmente existen una serie de reglas, llamadas mnemotécnicas, que ayudan a la memoria en casos extremos.

Pero son muchos los autores que coinciden en creer que estas no son aconsejables, porque no provoca una relación lógica entre lo memorizado y su contenido y no facilita el verdadero aprendizaje ni el recuerdo a largo plazo.

También los hay que creen que la memoria no exige recordar siempre a largo tiempo y que en consecuencia no hay problema alguno en utilizar estas reglas mnemotécnicas.

En cualquier caso, sí parece que se confirma en nuestros días, donde el acceso a la información es tan rápido vía Internet y accesible, que esta memoria ilógica, de datos es menos necesaria. Y si se ha de utilizar, ha de hacerse con precaución, para casos específicos, que no pueda resolverse fácilmente con otro método.

Así las reglas tradicionales mnemotécnicas pueden, por ejemplo, consistir en:

— Aplicar un número a una letra con la que guarda algo de semejanza y aprenderse una frase cuyas consonantes en orden corresponden a los números que se quieren recordar.
— Construir acrósticos. Con las primeras letras de la lista de datos-palabras que se quieren aprender.
— Aunque mejor parece las coordenadas temporales. Esas

por las que se memoriza por ejemplo el año de la rendición de Granada, 1492, porque es la misma que la del descubrimiento de América... o las coordenadas espaciales. Que hacen memorizar la localización de un país determinado, porque se relaciona con la de otros que están a su lado.

En definitiva

Muchos son los que han dedicado sus estudios más profundos al funcionamiento de los diversos mecanismos de la memorización del ser humano.

Estudios como los de los alemanes Krepelin o G.E.Müller, o los soviéticos L.S.Vigotski o Léontiev, Zankov, Smirnov y Zínchenko, junto a cientos de expertos que han dedicado su vida de investigación al proceso de la memorización, han arrojado suficiente luz sobre esta capacidad del ser humano que tan necesaria se vuelve en el plano del aprendizaje y conocimiento, en el de su evolución fruto de ello, como en el ámbito afectivo. ¿Quién viviría igual, si perdiera los recuerdos? En efecto mucho se sabe sobre cómo y por qué recordamos. Y cómo y por qué debemos mejorar nuestra habilidad para hacerlo. Cada día más.

A continuación y solo a título de enseñar la curiosa grandeza de esta habilidad del ser humano y lo útil que le resultaría conocer cómo recordar más, para vivir mejor, apuntaremos como curiosidad:

— Que se recuerda mejor lo que fue muy difícil.
— Que se recuerda mejor lo que se dejó sin acabar.
— Que se recuerda mejor lo que provocó variedad de emociones: alegrías y tristezas, satisfacción y miedo, por ejemplo. Más que emociones monocromáticas: todas agradables o todas desagradables...

En fin, que podríamos recordar todo lo vivido, leído, visto, oído, dicho, escrito..., a lo largo de toda nuestra vida. Si realmente nos hubiera interesado cuando lo experimentamos y ahora nos interesara vitalmente recuperarlo.

17

Evitar el olvido

Lo experimentado, lo aprendido tiende a olvidarse. A perderse, o al menos a no recuperarse. Dicen que *el saber no ocupa lugar*, habría que decir, mejor, que *«el saber sí ocupa lugar en el interés de alguien concreto»*.

El cerebro puede registrar 100.000 datos al día. Olvidar algunos no es deficiencia del cerebro, sino del orden y lugar donde se depositó en la memoria.

El 50% de cuanto se sabe, se ha aprendido antes de los 5 primeros años de vida. Al final de la adolescencia el cerebro almacena más información que lo que cabe en los millones de volúmenes de la Biblioteca Británica y la Biblioteca Nacional Española juntos.

Al menos el 15-20% de lo estudiado, se olvida. A la hora de estudiar algo solo suele quedar el 44%. Y a la semana el 18-20%. Pero es cierto que en compensación, el 20% de lo que queda siempre es lo más importante. Y que el 80-85% de lo que se olvida, puede ser recuperable.

Aún así, es mucho lo que cae en el olvido de cuanto se aprende, se siente, vive, desde el día en que se nace.

¿Por qué se olvida?

Porque se va debilitando la huella de lo que se aprendió. Por la interferencia de los nuevos conocimientos... y en definitiva, por centrar el interés en un limitado número de experiencias que son las útiles para resolver cuanto preocupa en un tiempo concreto. Algo así como que el olvido y la memoria selectiva son útiles para dedicarse a resolver los problemas que realmente se pueden resolver en un tiempo presente. Recordar todo cuanto se vive constantemente colapsaría los movimientos, las decisiones, sentimientos... es decir, la vida.

Pero también es cierto que es útil poder recordar lo que ayudaría cuando se necesita. Por ello es preciso aprender a memorizar adecuadamente para que este proceso de recuerdo sea eficaz y el olvido no anule lo vivido que pueda resultar útil.

¿Cómo se puede disminuir el olvido?

— Descansando al estudiar cada 25 minutos, haciendo algo distinto a lo que se estudiaba.

— Aprendiendo algo justo antes de dormir, es más fácil recordarlo al levantarse, ya que durante el sueño no se adquiere ninguna información nueva. La dificultad está en que es más difícil retener información al final del día, cuando se está cansado por la actividad cotidiana.

— Aprendiendo bien lo que se estudia y repasar en los tiempos adecuados.

— Y todos los factores que se indicaban como favorecedores de la memoria en el capítulo anterior.

La curva del olvido

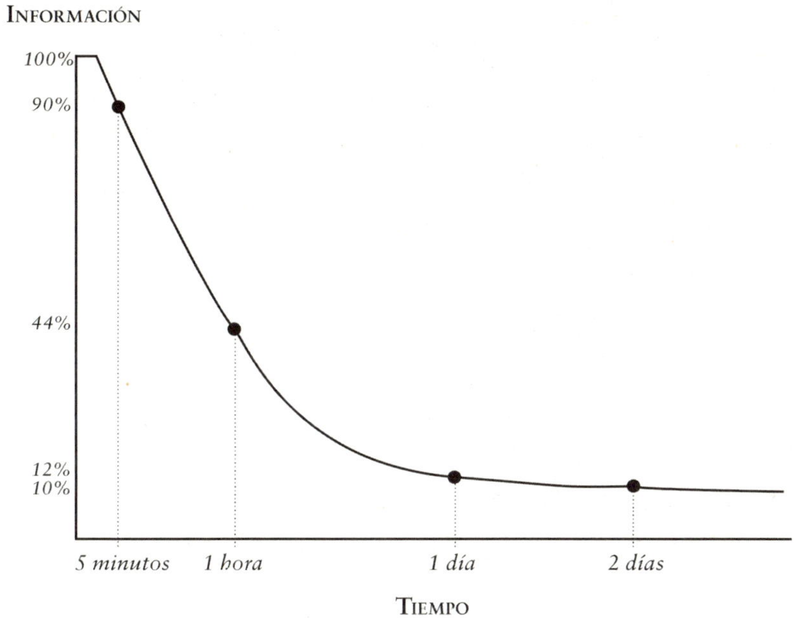

— Si lo que se estudia es totalmente desconocido, la curva del olvido caerá más rápidamente.
— Si se estudia por la noche antes de acostarse, la curva bajará más lentamente aún, porque hay menos interferencias de información.
— Si se estudia por la mañana y luego se hacen diferentes actividades, el olvido se estimulará y la curva caerá más rápidamente.
— Si el texto contiene ideas básicas se olvidan menos, que si predominan las secundarias.
— La curva aumenta en progresión. Tras el estudio, al día siguiente se olvida una cuarta parte y en días sucesivos continua la progresión.

— El olvido afecta primero a lo accidental y luego a las ideas básicas.
— Al principio el olvido es muy rápido y luego más lento.
— A veces, en un momento de ansiedad (exámenes, entrevistas, preguntas...), se puede producir una inhibición y bloqueo del recuerdo. Casi siempre por un acusado miedo al fracaso.
— Ante esto lo mejor es relajarse, convencerse de que uno lo puede hacer bien. Confiar en la memoria. Convencerse de que un dato tira de otro y así sucesivamente hasta llegar a recordar todo o la mayor parte.

El olvido se destruye en su mayor parte con los repasos adecuados y los factores enunciados en el capítulo anterior.

¿Cómo y cuándo repasar?

En función del proceso del olvido, los repasos habría que organizarlos para que la memoria se afianzase, siguiendo el esquema que a continuación se propone:

EFICACIA DE LOS REPASOS

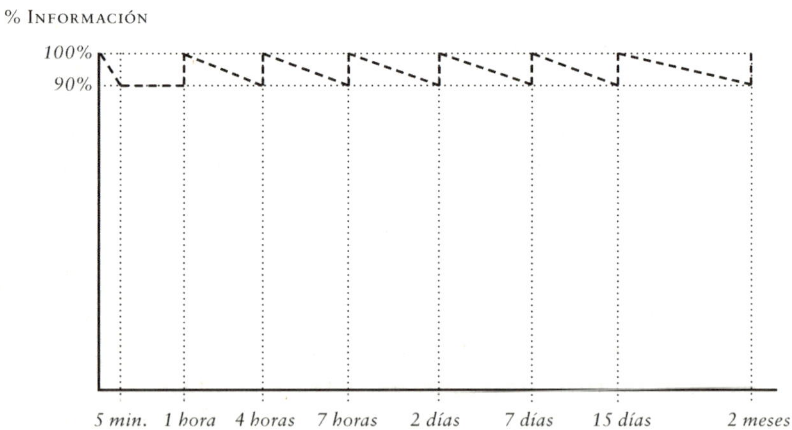

Como se aprecia en el cuadro:

— Si a los 5 minutos se relee durante 2 minutos (entre clase y clase, por ejemplo), por encima, lo que se ha dado y habrá que estudiar, se evita perder el 90% que estimamos fue lo que aprendió al oírlo y escribirlo por primera vez.
— Si a la hora se repasa siguiendo las normas que abajo apuntamos, no solo evitaremos el olvido, sino que recuperaremos el 100%, fruto de la asociación con otros conocimientos que ha dado tiempo a relacionar y comprender.
— Si a las 4 horas, por la tarde, se repasa lo visto ese día, se vuelve a impedir el olvido.
— Si a las 7 horas actuamos igual, volvemos a ascender al 100%.
— A los dos días es momento de evitar de nuevo la pérdida de información en la memoria.
— De nuevo a la semana y a los 15 días.
— Si a los dos meses lo repasamos. Durará el 100% de la información muchos más meses. Puede que muchos años, si se aprendió con interés y atención.

Según algunos expertos, como Rialt, los repasos han de realizarse siguiendo los siguientes cinco pasos:

1. Escribir el esquema que se recuerda de memoria, bien de forma oral o escrita.
2. Efectuar una repetición mental del tema mirando el esquema (intentando recordar el máximo).
3. Consultar con los apuntes o el libro de texto las lagunas y anotarlas para luego complementarlas.
4. Volver a hacer la repetición mental de todo el tema de lo recordado y olvidado.
5. Ponerse en el papel del profesor e intentar predecir de alguna manera lo que se podría pedir con mayor probabilidad en el examen.

18

Leer mejor

La lectura es el arte por el que se conoce lo que el que escribe ha querido exponer. Consiste en extraer la enseñanza contenida en los signos escritos. Se trata de una de las habilidades más amplias, trascendentes y difíciles de enseñar con eficacia. De ahí la dedicación y empeño que toda institución educativa debería poner en su aprendizaje adecuado.

Hoy en día es preciso leer con mayor rapidez y comprensión, es decir, con mayor eficacia. La lectura eficaz favorece de un lado el conocimiento y de otro el desarrollo de la inteligencia y el éxito escolar. De forma que leer bien se convierte en el método más eficaz para evitar el fracaso escolar. Pudiéndose afirmar que el alumno que ha aprendido a leer adecuadamente está *vacunado* contra el fracaso.

La lectura es el aprendizaje más importante que todo estudiante ha de adquirir, base de cualquier otro. Un aprendizaje que ha de revisarse periódicamente, con independencia de la edad. De forma que al menos se ha de revisar en tres momentos claves:

— Durante la etapa preescolar. Como muy tarde antes de 5 años.
— Durante la enseñanza primaria. Como muy tarde antes de los 9 años.
— Durante la etapa secundaria. Como muy tarde antes de los 16 años.
— Antes de afrontar cualquier materia específica o asignatura.

Importancia

Un 70-75% de lo que se aprende llega al niño y al adolescente a través de la lectura. Si bien pudiera pensarse que con las nuevas tecnologías este tanto por ciento tiende a disminuir, lo cierto es que lejos de ello, lo más importante en la vida se concentra cada vez más en textos que se han de aprender a leer cada vez mejor.

Resulta paradójico que siendo el mecanismo principal para aprender, no se enseñe adecuadamente:

— Cómo leer mejor.
— Cómo leer más rápidamente.
— Cómo comprender más y mejor lo leído.
— Cómo almacenar mejor lo leído en la mente.
— Cómo rememorar mejor lo leído cuando se necesita.

Teniendo en cuenta que ninguna de estas aptitudes son innatas, el niño tiene necesidad de aprenderlas y los adultos responsables de su enseñanza —padres y profesores—, de enseñarlas.

Siempre se podrá aprender a leer mejor, porque el aprendizaje de la lectura es como una escalinata sin fin, en la que se puede subir cada vez nuevos peldaños. Goethe escribió en una carta cuando tenía 80 años:

«He pasado la mayor parte de mi vida intentando aprender a leer, y sin embargo no puedo afirmar que lo haya conseguido».

Cómo se lee

Los ojos reciben palabras escritas. Esta percepción la envían al cerebro, que la pone en contacto con la información anterior.

Los ojos no deslizan la vista por las palabras de izquierda a derecha, tal y como están escritas. Sino que suelen dar saltos en esta dirección.

A cada salto le sigue un cuarto de segundo aproximadamente en un lector de media destreza. Durante este cuarto de segundo la visión permanece fija, como si estuviera escaneando lo leído antes de pasar al siguiente golpe.

¿Cuántos golpes se dan en una línea? Depende de las palabras que contenga la línea y del número de palabras que está habituado el ojo a captar en cada golpe.

Los malos lectores perciben una palabra en cada golpe. Los buenos, tres o cuatro.

Esto se aprende. De ahí la necesidad de habituar al ojo a realizar una fijación amplia y abarcar cada vez más palabras, hasta llegar a las cuatro de un buen lector.

Cómo pasar la página

Aunque parezca algo despreciable, el modo de pasar la página, como el tener que seguir con el dedo la línea en la que se está leyendo, puede ocupar un 10% del tiempo de lectura. Demasiado en comparación con lo poco que emplea el buen lector, que prepara con los dedos y el codo el cambio de página cuando aún se está en las dos últimas líneas de la página y no deja espacio vacío de lectura en el cambio de página.

Además, la lectura conlleva menos cansancio si el esfuerzo

en el cambio de página lo hace el codo, separándolo del punto de apoyo, más que la muñeca.

Características del buen lector

Mis hijos leen rápido y bien. Pero la mayor, fruto del hábito, es decir, del aprendizaje, no por superdotación innata, lee más de 130 páginas por hora (1.200 palabras/minuto), lo que le permite leerse un libro cada tarde, después de hacer los deberes escolares, cuando el libro le engancha. Si no, tarda dos tardes.

Solo por un hábito que ella ha adquirido y todos podrían adquirir. ¿Y qué hace para leer tan rápido y comprendiendo perfectamente lo que lee? Precisamente eso, querer comprender rápidamente, más que leer. Pero veamos las características del buen lector:

- — Mueven los ojos de modo suave y rítmico.
- — Pocas o ninguna vez vuelven a leer lo ya leído en la línea o párrafo.
- — Tienen una amplia zona de enfoque visual.
- — No se entretienen en los márgenes o la página completa al terminar una línea. Sino que ejecutan la secuencia de líneas de forma rápida.
- — No vocalizan en voz alta, en voz baja ni semi-inconscientemente.
- — Leen con diferentes velocidades, según convenga por el contenido, yendo más rápidos en ejemplos o divagaciones cuyos detalles afectan menos a la lectura, y más lentos en los pasajes más cruciales para la historia y su comprensión.
- — Leen 4-5 veces más deprisa que el término medio de los lectores, sin detrimento de la comprensión.

De cuanto se deducen los defectos de los malos lectores.

Principales defectos de los malos lectores

— *Percepción visual reducida.* Se da cuando solo se lee una sílaba en cada fijación o una sola palabra.

— *Vocalización en voz alta o baja.* Consiste en ir vocalizando las palabras que se van leyendo. En este caso la comprensión se realiza por el oído y no por la vista. Lo que dificulta la velocidad y la comprensión. La lectura silenciosa es la adecuada. Porque lo que los ojos ven, pasa directamente al cerebro, sin intermediarios.

— *Vocalización mental.* Es una especie de lenguaje interior que entorpece la lectura. Es difícil de detectar y eliminar. Para detectarlo, hay que observar los movimientos del cuello al deletrear. También se puede detectar por el cansancio en la lengua en su parte posterior. Impide igualmente la velocidad lectora.

Aunque es un defecto a la larga, no lo es cuando se está aprendiendo a leer en la edad preescolar. Se trata de una muleta que hay que dejar cuanto antes. Algunos creen que lo mismo ocurre con el hábito de señalar con el dedo. Pero lo cierto es que el hacerlo no impide una lectura eficaz y rápida en adultos.

— *Regresiones.* Consiste en volver atrás sobre lo leído. El buen lector no regresa, porque retrasaría la velocidad y saber que puede hacerlo le haría disminuir la comprensión de su primera lectura.

— *Retrocesos.* También consiste en volver sobre lo leído. Pero a diferencia de la regresión, esta es volver sobre la misma línea y de forma involuntaria. Y el retroceso volver sobre líneas o páginas anteriores y de forma voluntaria.

— *Vocabulario deficiente.* Quienes no poseen un vocabulario amplio, no pueden leer con rapidez, porque les detendrá como obstáculo en el camino cada palabra que no conozcan.

— *Movimientos corporales.* Pueden ser muy variados y siempre son perjudiciales. Cualquier tipo de movimiento corporal dificulta la lectura. Aunque si se trata de estudiar, el ir subrayando u otro tipo de movimientos rítmicos pueden ayudar a la concentración, comprensión y memorización.

Diferencia entre pronunciar y leer

Demasiados alumnos y adultos cuando tienen que leer en público confunden pronunciar y leer. En esa situación están más pendientes de la entonación, los signos de puntuación y la pronunciación de cada palabra, que de comprender cuanto están leyendo.

Si fueran ellos quienes escuchan a otro leer, están más pendientes del contenido y su comprensión. Se olvidan de que si estuvieran comprendiendo al mismo tiempo, su lectura y transmisión a los que escuchan sería mucho mayor y mejor.

La razón, el qué dirán... Lo mismo ocurre en la enseñanza a menudo. En la que muchos profesores se preocupan más de la pronunciación y entonación que de la comprensión.

Diferencia entre descodificar y leer

Existe mucha diferencia entre descodificar signos y comprender.

A muchos niños se les corrige cuando al leer pronuncian una palabra que no está en el texto, pero cuyo significado es el mismo de cuanto el texto presenta. Eso ocurre porque el niño estaba leyendo, comprendiendo, y ha pronunciado lo que su cerebro ha leído correctamente.

La motivación en la lectura

Quien lee algo, antes debería encontrar la motivación para hacerlo. Aprender algo si se trata de leer para estudiar o conocer. O vivir la vida de unos personajes, otros yo, en el caso de la lectura recreativa y placentera.

Así la lectura conlleva intrínsecamente una motivación interna. Porque el sujeto quiere comprender lo que bajo las palabras se expone y la lectura eficaz (veloz y comprensiva) le consigue.

Empezar por leer los títulos y subtítulos

Si se trata de un texto que hay que leer para aprender, es preciso comenzar por leer e interpretar los títulos y subtítulos del texto. Si carece de títulos y subtítulos, el lector ha de crearlos. Sirven de guía para la comprensión y facilitan la memorización.

Comprensión y rapidez

Podría pensarse que mientras más lento se lee, mejor se comprende. Muchos lectores lentos, así lo creen. Pero, si es cierto que esto puede ocurrir siempre que se lea a unas 500 palabras por minuto o más, es igualmente cierto que a menos velocidad, leer lento no facilita la comprensión, sino las distracciones.

La mayor eficacia de la lectura en realidad estriba en lograr la máxima velocidad con la óptima comprensión.

Por medio del entrenamiento por separado primero y junto

después, se puede mejorar mucho en la eficacia de cada lector. Centrándose en los defectos detectados y sustituyéndolos por los hábitos contrarios.

Calcular la eficacia lectora

La manera más adecuada de calcular la eficacia de un lector es hacer una prueba donde se mida por un lado la velocidad y por otro la comprensión.

Conocer la comprensión de un niño

Se puede estimar la capacidad comprensiva de un niño, dándole un texto a leer y tras ocultárselo, preguntarle aspectos esenciales sobre el mismo. Tales como:

- — Significado de palabras claves.
- — Idea principal.
- — Ideas secundarias.
- — Datos.
- — Ejemplos.
- — Contenido implícito. Que no se dice expresamente, pero se sugiere.

De un texto hay que saber extraer las ideas, las palabras claves. Encontrar los sinónimos que aseguran entender el texto.

Pero apuntaremos más en el capítulo en el que se explica cómo realizar el esquema de contenido de un texto.

Si el resultado de la comprensión de un texto es adecuado, deberá centrarse en mejorar la velocidad, ya que no le es preciso mejorar la comprensión. Pero lo más común es que sea necesario mejorar ambas.

Ejercicios para mejorar la comprensión

En caso que se requiera mejorar la comprensión, hemos de:

1º Determinar la finalidad por la que ha de leerse el texto concreto.
2º Inspección general. Refuerza la motivación y la finalidad, al tiempo que prepara el cerebro para asociar con lo ya conocido lo que se leerá.
3º Concentrarse.
4º Leer correctamente los signos de puntuación. Revisar el significado de estos. Aplicarlos al texto concreto.

Y realizar ejercicios de las técnicas que se proponen en los capítulos dedicados al Subrayado, Resumen y al Esquema.

Algo que no se hace

Para facilitar la lectura comprensiva es preciso hacer algo que la escuela tradicional y la actual no suele hacer.

Igual que se suele enseñar la comprensión de las palabras. También debería enseñarse el significado de los signos de puntuación al mismo tiempo que a leer oraciones. Esto no suele hacerse. Lo que dificulta enormemente que un niño aprenda a leer textos con comprensión.

Es necesario aprender a leer eficazmente cuando se aprende a leer, no solo a interpretar grafismos aislados.

Velocidad lectora

Hay varios test posibles para conocer el índice de velocidad lectora de un niño, pero bastaría seleccionar un libro donde solo haya palabras. Contar el número de líneas que una persona lee en 1 minuto. El resultado, multiplicarlo por 10 palabras que suele tener de media cada línea. El producto será el número aproximado de palabras que se lee al minuto.

Una lectura eficaz lee a una velocidad entre 500 y 1000 palabras por minuto.

Proponemos esta fórmula para determinar el índice de velocidad lectora, porque aunque no es exacta, es igual de útil que cualquier otra, ya que de lo que se trata es de mejorar el índice, sea este el que sea.

Así, una vez hayamos determinado un índice de velocidad con la fórmula que se propone, habrá que intentar batir el propio récord e ir superándolo y mejorando nuestra lectura.

Al principio se intentará mejorar la velocidad por separado de la comprensión. Y ésta con independencia de la velocidad. Pero con el tiempo, habrá que unificar ambas en los ejercicios de entrenamiento.

Ejercicios para aumentar la velocidad

Una vez estén unificados, se puede entrenar al niño a leer eficazmente:

- — Saltándose palabras. No es necesario leer todas las palabras e incluso no todos los párrafos (si contienen ejemplos, argumentaciones, datos), para captar eso sí el contenido del texto, comprender y ser capaz de resolver las preguntas: ¿Cuál es la idea principal que pretende transmitir?, ¿cuáles las ideas secundarias?
- — Además se podrán hacer ejercicios de localización de una información determinada escondida en el interior de un texto. Tardando cada vez menos en encontrarla en textos similares.

— También puede ampliarse el campo visual con el ejercicio que sigue:

Cronometrándose, anotar lo que se tarda en leer de izquierda a derecha cada serie de las siguientes palabras. Podemos así leer desde «*a i o*» hasta «*tos he has*» (de la serie A) lo más rápido posible y anotarlo. Intentar mejorar el tiempo empleado.

Hacer lo mismo con las diez primeras filas de la serie B. Tras anotar el tiempo. Intentar mejorarlo en las siguientes diez de la misma serie B. Así hasta mejorarlo sensiblemente. Si se quiere tener una orientación, una cifra veloz sería unas 240 palabras por minuto. Pero lo importante es mejorar con independencia de donde se parta.

Entonces, pasar a la serie C. Hasta conseguir al menos unas 350 por minuto.

Pasar entonces a la serie D.

Después a la serie E.

SERIE A

a	i	o
e	u	y
al	de	con
pon	les	pan
va	si	no
bis	can	cal
col	club	don
tras	en	cruz
ver	dar	del

le	en	fe
flan	faz	fin
tan	gas	he
ver	gol	gris
mal	luz	mar
sal	ser	mí
per	paz	par
las	los	un
que	ras	res
tren	tres	tal

SERIE B

ala	mesa	río
amo	anda	corre
cosa	árbol	alto
algo	arma	arco
rosa	lío	mesa
amar	cama	peso
mío	corre	atar
busco	mapa	mamá
costra	madre	papá
rana	risa	ruso
nata	niño	pesa
pena	piña	lobo

aro	ancho	crío
arroz	malo	puro
asa	balcón	bolo
atún	calor	beso
caja	collar	dolor
barca	doce	gallo
final	hada	azul
isla	lana	banda

SERIE C

abajo	abdomen	abeja
barbero	bahía	babosa
caballo	cabaña	cabello
chalado	chantaje	chaparro
dálmata	debajo	debate
educar	efecto	eficaz
gacela	galante	galardón
fábrica	fábula	factura
hechizo	helado	hereje
idea	ideal	igualar
jabalí	jabato	jaguar
migaja	milagro	milano
naranja	natural	navaja
oasis	objeto	oscuro

rábano	rabiar	ración
tabaco	taberna	tabique
Úbeda	úlcera	único
vaciar	vacío	vacuna
yeguada	yugular	yunque
unión	usura	urraca

SERIE D

abandono	abanico	abarcar
abejorro	abierto	abogado
adjetivo	admirable	aceituna
bacalao	bachillerato	balcánico
cabecera	cacahuete	cachorro
calavera	calificar	chaparrón
deficiente	deformación	definición
economía	ecuación	ecuador
educación	ejército	electoral
elefante	elocuente	elevado
elemento	embarazo	emisario
galápago	galería	gamberro
guerrero	geografía	geranio
gloria	gimnasia	glorioso
habilidad	habitación	habitante

hermano	hermoso	historia
ibérico	idioma	iluminar
iglesia	ignorante	imaginar
importancia	importante	impotencia
impresión	inauguración	impropio

SERIE E

el ala	la mesa	un río
el amo	él anda	él corre
la cosa	un árbol	más alto
con algo	el arma	un arco
una rosa	un lío	la masa
tu amas	con peso	la cama
es mío	tú corres	no ato
me busca	mi mapa	tu mano
la costra	mi madre	el papá
la rana	con risa	un ruso
con nata	sin niño	no pesa
con pena	la piña	un lobo
con arroz	más puro	el malo
se asa	mi balcón	un bolo
el filo	la isla	con lana
por banda	su alón	el bastón
sin buzón	con daño	por dudar

el ave	con pelo	su piña
mi potro	su arca	el pozo
sin comer	me compro	dos coches

SERIE F

los árboles	frondosos proporcionan	buenas sombras
los pájaros	revolotean entre	las ramas
el lince es	un animal	salvaje
los animales	salvajes	huyen del hombre
la nutria	tiene un pelo	muy suave
las cigüeñas	hacen sus nidos	en los campanarios
los gatos	poseen unas	uñas retráctiles
los cuadrúpedos	son animales	de cuatro patas
los aviones	vuelan	a gran altura
los zapateros	trabajan	en la zapatería
las nubes	dejan	caer el agua
las ballenas	viven en	los océanos
Juan tiró	una piedra	al río
tengo	tres hermanos	muy estudiosos
el pelo	de María	es castaño
vivir en	grandes ciudades	es agobiante
cantidad es	un grupo	de unidades
los gatos maúllan	cuando se sienten	abandonados
los leones	solo atacan cuando	tienen hambre
forma en tu	mente un ideal	y síguelo

Además de palabras

Además de relatos o textos expositivos, también hay que aprender a leer con eficacia gráficos, esquemas, diagramas, ilustraciones, tablas, cuadros sinópticos...

Cuya mejor forma de aprender a leer con rapidez y comprensión es con la práctica: leyendo muchos.

19

Aprender a resolver problemas

Todos los problemas tienen solución. Y todos los seres humanos tienen potencialmente la capacidad de resolver todos los problemas que al ser humano se le platean. El obstáculo está en afrontarlo con:

— El esfuerzo que requiere
— La constancia
— Y, sobre todo, la habilidad para encontrar la solución.

Problemas de todo tipo

Cada mente tiene un modo preferido, más directo, de resolver problemas; y junto a él, otro alternativo. Del que hablaremos después. Cuya eficacia desconocemos y ello nos hace ser mediocres cuando podíamos ser geniales.

Dos son los modos de resolver problemas, que podríamos reunir describir bajo las expresiones:

Buscar a ras de tierra:

— Y entonces se es cuidadoso,
— paciente,
— lógico,
— no se tolera la incertidumbre,
— se huye de toda corazonada, ambigüedad o conjetura mientras se busca la respuesta.
— se analizan los detalles más pequeños,
— se es sistemático y se pasa de una conclusión a la siguiente.

O buscar a vista de pájaro:

— Con un enfoque más intuitivo y menos sistemático.
— Prefiriendo ver la cuestión desde un punto de vista más amplio.
— Por intuición, no por análisis.
— Recorriendo rápidamente la información de que se dispone y elaborando una serie de soluciones posibles, que someter a prueba.
— Al disponer de un punto de vista más amplio, puede hallar la solución más rápidamente, pero también corre el peligro de olvidar algún punto importante, donde esté la solución.

¿Cuál emplear?

Depende de la persona, y depende del problema. El que tiende a ir *a ras de tierra*, buscará una única solución correcta. El que suele *sobrevolar el problema* como un pájaro, tenderá a buscar todas las soluciones posibles. Hay problemas en los que la primera estrategia da más resultados. Y otros, que la segunda.

La causa está no solo en que haya dos formas de resolver problemas, sino realmente dos tipos de problemas.

Tres elementos básicos

Pese a ello, todos los problemas tiene tres elementos básicos: datos, operaciones y objetivos. Elementos que hay que identificar con precisión y saber sus implicaciones, para abordar la solución de cualquier problema.

Desvelar la construcción de un problema es distinguir estos elementos básicos que lo componen.

Una vez interpretados cada uno de estos elementos por separado, será hora de simplificar el problema.

Simplificar el problema

Es más fácil resolver dos problemas pequeños que uno grande, por lo que se ha de descomponer el problema en las partes mínimas posibles. Se trata de reducir los elementos del problema en unidades más manejables.

Además, se deberá emplear un esquema que poder dibujar para entender mejor la relación de cada una de las partes en las que el problema se ha descompuesto, para darle solución.

Y siempre el modo alternativo

Dijimos que, además, junto al modo *a ras de suelo* y *a vista de pájaro*, había otro modo de resolver un problema: el modo alternativo.

A nuestro Albert Einstein le preguntaron un día. ¿Dónde está su laboratorio? Y él señaló su pluma estilográfica. Aunque bien hubiera podido señalar su cabeza.

Porque Einstein no dio con sus mejores aportaciones científicas, las que han hecho de él el científico más reconocido de la historia, en su laboratorio, sino que son fruto de sus experimentos mentales.

En su mente fue donde él fue capaz de concebir los saltos cuánticos que dio en la interpretación del mundo físico.

Como escribió Banesh Hoffman, «*solo se puede apreciar la singularidad de la teoría de la relatividad, dándose cuenta de que no existe ningún camino lógico que conduzca a ella*».

La visión que Einstein supo tener del tiempo y el espacio, fue concebida con lo que él llamó «*un estilo extravagantemente especulativo*».

Cuando le preguntaron en una ocasión cómo había logrado tal cota de lucidez mental volcada en sus decisivas teorías, él dijo: «*simplemente he permitido a mi cerebro jugar distraídamente con todo tipo de ideas y de imágenes. Solo más tarde, al verme obligado a trasladar mis impresiones mentales a una forma de lenguaje simbólico —matemático o lingüístico—, surgieron los problemas*».

Einstein desarrolló tanto esta técnica de pensamiento, sin palabras, que la experimentación mental se convirtió en su método favorito de investigación.

Escribió: «*Cuando reflexiono sobre mí mismo y mis métodos de razonamiento, llego a la conclusión de que el don de fantasía significa más para mí que mi talento para absorber el conocimiento positivo*».

— A los 16 años empezó ya a emplear este método, con mucho más de imaginación que de experiencia empírica. Comenzó a esa edad a reflexionar sobre las propiedades físicas de la luz. Ideas que más tarde formaron la base de su teoría de la relatividad.

— Al intentar visualizar la luz, sin verla borrosa a causa de la velocidad, Einstein se imaginó a sí mismo viajando en un vehículo espacial a través de la luz. Construyó en su mente una imagen del aspecto que tendría entonces la luz, una imagen que le llevó a su grandioso descubrimiento de los fotones.

— Más adelante, cuando pretendía resolver los problemas del tamaño de las moléculas, un experimento mental, basado en la taza de té que se estaba tomando, le proporcionó la idea necesaria para otro progreso importante.

Se imaginó el té de su taza como un líquido sin estructura, mientras que las moléculas de un terrón de azúcar que acababa de echar en él se las imaginó como un gran número de pelotas, pequeñas y duras. Esto le hizo comprender las ecuaciones necesarias para explicar exactamente cómo esas pelotas se extendían a través del líquido, y cómo este influía en su consistencia.

— A principios del siglo XX, Albert Einstein llevó a cabo un experimento mental que tambaleó los cimientos de toda la física conocida.

Se había dado cuenta de que la teoría de la gravitación de Newton, que hasta entonces se consideraba incuestionable, tenía fallos graves.

Se imaginó a sí mismo dentro de un ascensor lanzado por las capas más alejadas del espacio, a mayor velocidad que la de la luz. Visualizó después una ranura en una pared del ascensor, que dejaba pasar un rayo de luz sobre la pared opuesta. Esto le permitió darse cuenta de que, si el ascensor se movía con suficiente velocidad, recorrería una distancia finita en el tiempo requerido para que el haz de luz atravesase el ascensor, de modo que quien estuviera en ella, vería el haz de luz curvado.

Apoyándose en estos experimentos mentales, Einstein publicó un artículo en el que afirmaba que la gravedad es capaz de curvar la luz.

Aunque fue muy discutida su teoría en aquel momento, más tarde quedó confirmada durante un eclipse de sol. Gracias a medidas astronómicas, los físicos lograron demostrar que la inmensa fuerza gravitatoria del sol forzaba, en efecto, a la luz procedente de una estrella distante a seguir una trayectoria curva.

Y no fue el único

Junto a Einstein, muchos pensadores inminentes del mundo, muchos de ellos Premios Nobel, y futuros premiados como el científico Juan Ignacio Cirac, de los más prestigiosos del mundo en la actualidad, han demostrado utilizar para sus aportaciones un pensamiento mental, sin palabras. Libre de las trabas de la lógica impuesta por el lenguaje.

Pensar en imágenes en lugar de hacerlo en símbolos creados por el hombre, es decir, con letras y números, ha constituido una estrategia esencial para alcanzar la cumbre del progreso de la humanidad.

Cada persona puede hacer lo mismo. Se puede emplear el mismo método de pensar con la imaginación, en imágenes, para resolver problemas cotidianos en casa, en el trabajo, y llegar a soluciones que a nadie se le hubieran ocurrido por otro sistema.

Para ser efectivos

Para que el cerebro produzca ideas y soluciones, se debe activar de forma constante. Para ello, las mejores actividades son:

— La lectura,
— La reflexión,
— La meditación,

— La concentración,
— La creatividad,
— Tener un proyecto valioso, ilusiones, ideales.

Recordemos, por último, lo que Lozanov y Roger Sperry y R.Omstein (Premios Nobel también) descubrieron:

Que cuando la actividad se realiza en un momento de mente despierta, en estado de alerta y enfocada a un objetivo concreto, se resuelven mejor los problemas de la vida.

Y que cuando está en un momento de relajación, reflexiona mejor y aprende más.

20

El cálculo matemático

Los niños deben entrar en contacto con los números lo antes posible, de forma ordenada y sistemática. Comenzando por la enseñanza de las diez primeras cifras, comenzando por el 0 y terminando por el 9. Para iniciar a los niños pequeños, se aconseja poner en fichas junto al guarismo, su significado. Ejemplo:

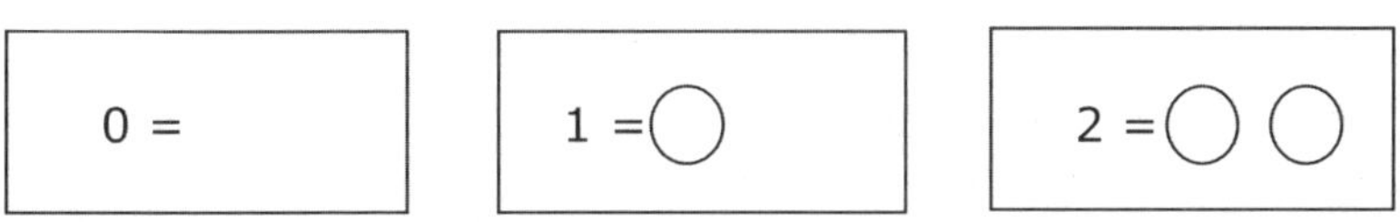

Cuando se hayan aprendido las diez primeras cifras, se puede pasar a enseñar la suma, la resta, multiplicación y división.

Después enseñar del 10 al 15. Y explicar al niño la lógica de los números a partir del 16: diez y seis, diez y siete...

Tras estos, será la hora de enseñar los números 20, 30, 40, 50, 60, 70, 80, 90, 100. Explicando que aunque el nombre del 20 es más arbitrario, desde el 30, siguen la lógica de: tre-inta, cua-renta, cinc-uenta, se-senta, set-enta, och-enta, nov-enta.

Hasta la arbitrariedad de nuevo del 100. Y vuelta a empezar con el cien-to y uno, cien-to dos...

Lo fundamental

En la enseñanza de las matemáticas hay que poner atención en las operaciones básicas (sumar, restar, multiplicar y dividir) pero también en la interacción entre las mismas.

Así como han de aprender las leyes que rigen estas operaciones, su utilidad y comprensión.

Con esto, debe evitarse la pérdida de tiempo que con tanta frecuencia se lleva a cabo durante el aprendizaje. Siendo las más frecuentes:

— *Las repeticiones innecesarias*: Por ejemplo cuando se han de hacer 4 sumas prácticamente iguales, cuando bastaría hacer solo dos o incluso una, para repasar lo fundamental. O cuando se ha de realizar una división de 10 números entre 4. En lugar de dos divisiones de 4 números entre 3, por ejemplo. Que desgata menos y provoca mayor motivación y menor abandono.
— El sobreaprendizaje.
— *Y la falta de transparencia.*

Todo ello no solo consume un tiempo valioso, sino que conduce al cansancio, aburrimiento, ansiedad, estrés, y —en consecuencia— al deseo de abandono.

Empezar por grupos de tres y cuatro números

Se puede comenzar por hacer ejercicios de suma con los números 1,2 y 3, combinados.

Después hacer ejercicios de resta con los mismos tres números.

Idem con ejercicios de multiplicación.

Añadir un número y hacer divisiones con los cuatro primeros números: 4:2 ; 2:2 ; 3:1.

Después 4 números más: del 1 al 8. Y hacer las mismos tipos de operaciones fundamentales (suma, resta, multiplicación y división).

Sumar y restar

Ha de aprender el niño que sumar es reunir varios en uno solo. Que cada uno de estos números se llama sumando y que el orden de los sumando no altera la suma.

Todo ello, mostrándolo con piezas, círculos o en fichas como las anteriores. Lo ideal es que intervengan el sentido del oído, vista y el tacto.

Igual se ha de enseñar la resta, viendo y palpando el niño su resultado. Cada día, 5 secuencias. Como:

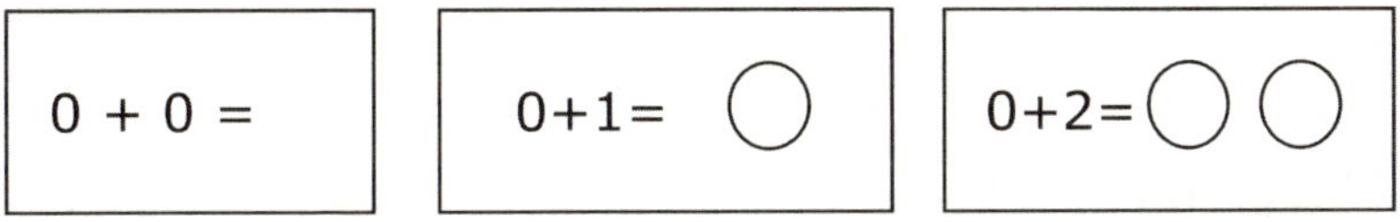

Sumar y restar se deben combinar en los mismos ejercicios. Desde los comienzos de la suma y con más motivo de la resta, multiplicación, división, potencias y fracciones, deben introducirse el concepto de igualdad. Así como en la necesidad de cambiar de signo al pasar de un término a otro y de emplear la letra *x*, como inicio del álgebra.

En la resta el niño ha de tener claro que restar es quitar, disminuir, sustraer, reducir. Se deben iniciar los problemas de suma con esquemas, del tipo:

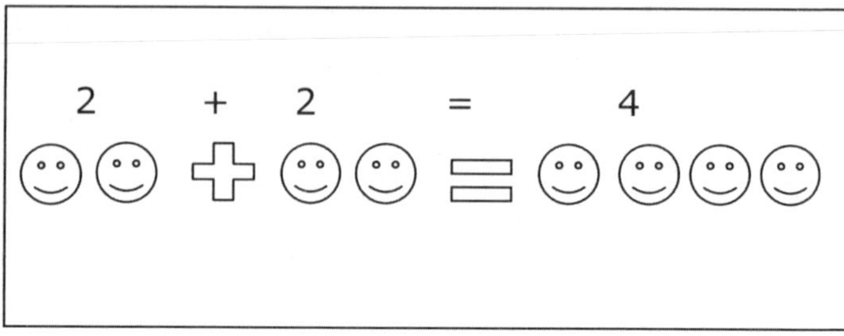

La decena

Después de operar con las diez primeras cifras, se puede pasar a las 20 primeras. Pero al representar la primera decena deberemos reunir en un cuadro cada diez. Así:

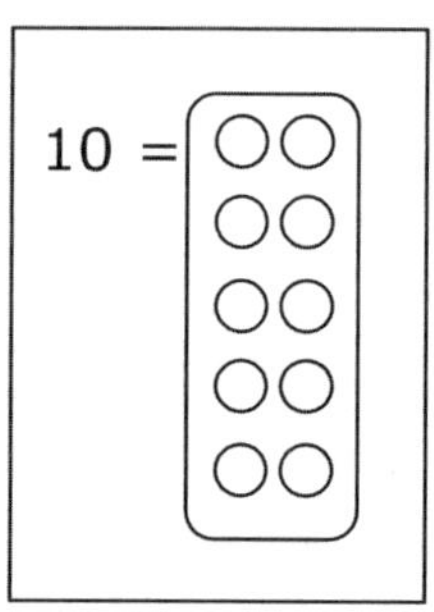

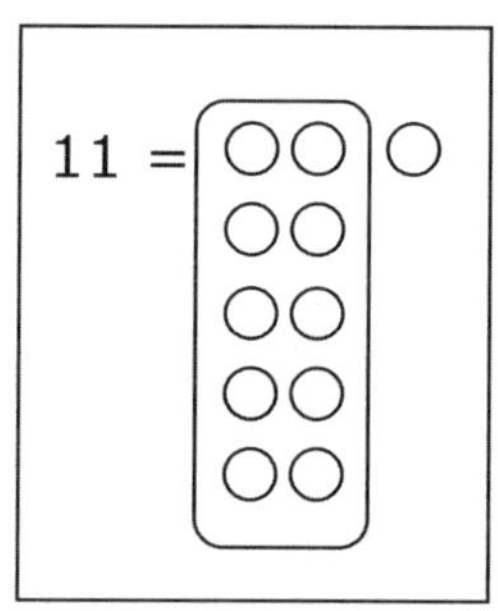

Y se explica entonces el concepto de decena y unidad. El número de la derecha es el de la unidad y el de la izquierda, el de las decenas.

Así: 26 = 6 unidades y 2 decenas; o lo que es lo mismo:

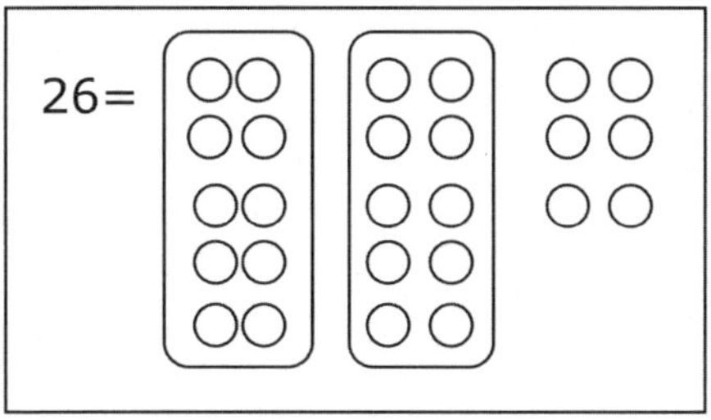

Las tablas

Junto a las tradicionales tablas de multiplicar hay que enseñar al niño las tablas de sumar y restar. Compuesta por las operaciones más recurrentes en suma y en resta. Porque los adultos las tenemos.

Los adultos sabemos que 8+6 son 14, de memoria, no porque hagamos la operación cada vez que nos encontremos con esa suma. Por tanto, si es útil para nosotros, más lo será para ellos aprenderse unas operaciones de memoria, una vez entendido su significado, al igual que el caso de las tablas de multiplicar.

Las tablas de sumar han de comenzar primero por las sumas más corrientes que no alcancen como resultado más de 10.

Una vez aprendidas las tablas, no deberá perderse el tiempo en operaciones, repetitivas, las tradicionales «*cuentas*» que estimulan más la búsqueda de un resultado mecánico, que el verdadero aprendizaje y el estímulo de ser capaz de resolver problemas. A lo que debería dedicarse sobre todo el niño.

Al fin y al cabo, las operaciones y las tablas son solo medios para resolver problemas, que es lo que importa y hace al ser humano inteligente.

Junto a las tablas conocidas por todos los escolares de multiplicar, los escolares deben saberse las tablas de sumar y restar básicas:

Tabla de sumar:

0+0=0	1+0=1	2+0=2	3+0=3	4+0=4	5+1=6
0+1=1	1+1=2	2+1=3	3+1=4	4+1=5	5+2=7
0+2=2	1+2=3	2+2=4	3+2=5	4+2=6	5+3=8
0+3=3	1+3=4	2+3=5	3+3=6	4+3=7	5+4=9
0+4=4	1+4=5	2+4=6	3+4=7	4+4=8	
0+5=5	1+5=6	2+5=7	3+5=8	4+5=9	
0+6=6	1+6=7	2+6=8	3+6=9		
0+7=7	1+7=8	2+7=9			
0+8=8	1+8=9				
0+9=9					

6+0=6	7+0=7	8+0=8	9+0=9
6+1=7	7+1=8	8+1=9	
6+2=8	7+2=9		
6+3=9			

Tabla de restar:

1-0=1	2-0=2	3-0=3	4-0=4	5-0=5	6-0=6	7-0=7
1-1=0	2-1=1	3-1=2	4-1=3	5-1=4	6-1=5	7-1=6
	2-2=0	3-2=1	4-2=2	5-2=3	6-2=4	7-2=5
		3-3=0	4-3=1	5-3=2	6-3=3	7-3=4
			4-4=0	5-4=1	6-4=2	7-4=3
				5-5=0	6-5=1	7-5=2
					6-6=0	7-6=1
						7-7=0

8-0=8	9-0=9
8-1=7	9-1=8
8-2=6	9-2=7
8-3=5	9-3=6
8-4=4	9-4=5
8-5=3	9-5=4
8-6=2	9-6=3
8-7=1	9-7=2
8-8=0	9-8=1
	9-8=0

Algunos atajos

— Los pares de números iguales se recuerdan mejor que los números diferentes. Ejemplo:

8 + 8 = 16 7 + 7 = 14

— Son más fáciles de recordar, que:

8 + 7 = 15 7 + 8 = 15

— Se suman mejor partiendo de los números mayores. Ejemplo:

8 + 3 = 11 es más fácil que 3 + 8 = 11

— En estos casos, estamos mental y rápidamente aplicando la Propiedad Conmutativa.

— Cuando hay varios sumandos se puede facilitar la suma, escogiendo grupo de números, es decir, mediante la Propiedad Asociativa. Ejemplo:

3 + 4 + 7 = 10 +4 = 14

— Para sumar o restar 9, 99, 999, etc., se ha de recurrir a 10, 100, 1000, etc., y quitarle a cada uno 1 en el caso de las sumas y restarle 1, en el caso de las restas. Por ejemplo:
  6748 + 999 = 6748 + 1000. Al resultado (7748), se le resta 1. En total: 7747.
  6748 – 999 = 6748 – 1000. Al resultado (5748), se le suma 1. En total: 5749.

— Lo mismo hacer con las cifras de 8, 88,888... Restándole esta vez, 2 en las sumas. O sumándole 2 en el caso de la resta.
— Para multiplicar un número por otro con ceros, se le quitan los ceros, se multiplican los números y al resultado se le añaden los ceros que se quitaron. Y los ya sabidos atajos por los que si se multiplica un número por 1, el resultado es el mismo número, y si se multiplica por 0, el resultado es 0.

Multiplicar

La multiplicación es una suma abreviada, por lo que al tiempo que se enseña a sumar ha de enseñarse a multiplicar, a fin de que se entienda bien su relación.

Multiplicar es repetir tantas veces un número como indica otro.

La tabla de multiplicar hay que conocerla. Es la mejor manera de solventar dificultades en las operaciones.

Su aprendizaje ha de ser escalonado, como en la suma y resta. En grupos de tres números. Repetidos a los 5 minutos. A la hora y a las 4 horas.

Combinando además operaciones con problemas referidos a los tres números que se den ese día.

Mediante la aplicación del sistema de aprendizaje por fichas, al que dedicamos un capítulo entero, el niño puede saber con exactitud cuáles son los pares de números que se resisten y repasarlos sin sobreaprendizaje.

Al aprender la tabla de multiplicar se ha de ir poniendo en práctica la Propiedad Conmutativa de los factores. Ya que a un niño le resulta fácil aprender 5X8=40, pero más difícil 8X5=40.

La multiplicación debe relacionarse al aprenderla, con la potenciación.

Dividir

Tan pronto se enseñe la suma y la resta se hará referencia a la multiplicación y a la división.

$3+3+3 = 3x3$

$$
\begin{aligned}
9:3 = \quad & 9-3 \\
& 6-3 \\
& 3-3
\end{aligned}
$$

Además, cuando se estudie la multiplicación, se hará referencia a la división y se, como operación inversa. La división debe relacionarse durante su aprendizaje, con las fracciones.

Sistema decimal

Es clave para el niño entender la configuración de los números en unidades, decenas y centenas.

Que las unidades son las únicas que están sueltas y al final del número. Porque las decenas van siempre en grupos de diez y las centenas en grupos de cien exactos, como los millares en grupos de miel, etc.

Utilizando dibujos similares a los que ya expusimos, para representar la centena, con 10 grupos de 10 círculos cada uno, el niño entenderá más rápidamente la configuración de los números y operará más ágilmente.

Si resulta a menudo para un niño algo complicado operar con números en los que se tiene «*que llevar*» y pasar de unidades a las decenas, ha de tenerse en cuenta que toda complicación está más que justificada, porque nuestros números son ilógicos. Ya que se leen y escriben de izquierda a derecha, por herencia latina (como en latín) y se opera con ellos de derecha a izquierda, por herencia árabe (igual que en el árabe, de donde proceden nuestros guarismos).

Ahí la radica la dificultad de operar en la resta, en la que hemos de restar unidades mayores a menores, o en las multiplicaciones, donde hemos de dejar un espacio extraño empezando por la derecha cuando los números se escriben empezando por la izquierda. Eso entraña mantener el sistema latino de lectura y el arábigo para las operaciones.

Operaciones entre paréntesis

Desde los primeros cursos, los niños han de enfrentarse a realizar las operaciones con paréntesis incluidos.

Ha de familiarizarse al niño con ellos, tanto en su solución, como en su presentación y utilización. Dictándole problemas donde se hayan de traducir a símbolos numéricos con paréntesis.

Tan pronto un niño aprende a sumar y retar, debe iniciarse en el uso de paréntesis, transposición de términos en una igualdad, leyes de los signos y ecuaciones.

Problemas

En cuanto el niño aprende las tres primeras cifras, tomando como referente objetos de la clase o la casa (sillas, cajas, muñecos, canicas...), debe hacer problemas.

Porque, el niño debe aprender que las matemáticas es una cuestión práctica consistente en hallar solución a un problema. Que ha de habituarse a imaginarse el problema si no lo está viendo, para poder resolverlo. Utilizando, una vez lo ha visto —aunque sea en su mente—, las operaciones que precise.

Pesos y medidas

Cuando en los problemas aparezcan pesos y medidas, deberán hacerse el mayor número de problemas con objetos al alcance de los niños. Por lo que:

— Aumentará el interés y motivación del niño.
— Experimentará que lo que aprende siempre tiene una utilidad.

Objetivos claves en todo aprendizaje, que condicionará la actitud del niño.

21

Subrayar bien

Subrayar es señalar las ideas esenciales de un texto. Generalmente con una línea bajo los fragmentos de texto, que luego leídos seguidos han de dar cuenta acertada de cuanto el texto transmite. Se subrayan ideas fundamentales y palabras claves.

En algunos textos pueden dar alguna pista de lo importante las letras en negrilla, cursiva, puntos, asteriscos, etc.

Han de subrayarse las respuestas a las 6W: ¿qué?, ¿dónde?, ¿cuándo?, ¿por qué?, ¿quién?, ¿cómo? (en inglés: what?, where?, when?, why?, who?, how?).

El subrayado será el que facilite el esquema primero y el resumen después. De ahí su importancia. Subrayar bien es haber entendido ya el texto.

Un ejemplo:

La lana se obtiene del pelo de algunos animales, como las ovejas, y se utiliza para elaborar tejidos con los que fabricar objetos y prendas de abrigo. Este pelo se hila para obtener hilos largos, que luego se enrollan en ovillos. Estos hilos se tejen en máquinas para obtener los tejidos de lana.

22

Esquematizar y analizar

Esquematizar es expresar las ideas fundamentales mediante una estructura lógica. Se trata de organizar las ideas por orden. Las principales primero y dependiendo de ellas, las secundarias. Y dentro de estas, los datos, ejemplos y más detalles si los hubiera.

Todas ellas con las propias palabras de quien realiza el esquema (las menos posibles) y con la presentación que estime quien lo realiza. Ya que lo que se pretende con el esquema es tener de un golpe de vista una visión general del contenido del texto.

Entre sus posibles formas, las más comunes son: el esquema de flechas, el numérico, el de llaves, el de árbol y el diagrama radial.

EJEMPLOS:

Numérico:

Partes del cuerpo humano:
- 1.Cabeza
- 2.Tronco
- 3.Extremidades:
  - 3.1. Superiores
  - 3.2. Inferiores

Con flechas:

Partes del cuerpo humano → Cabeza
Partes del cuerpo humano → Tronco
Partes del cuerpo humano → Extremidades → Superiores
Extremidades → Inferiores

De llaves:

	Cabeza	
Partes del cuerpo humano	Tronco	
		Superiores
	Extremidades	
		Inferiores

De árbol:

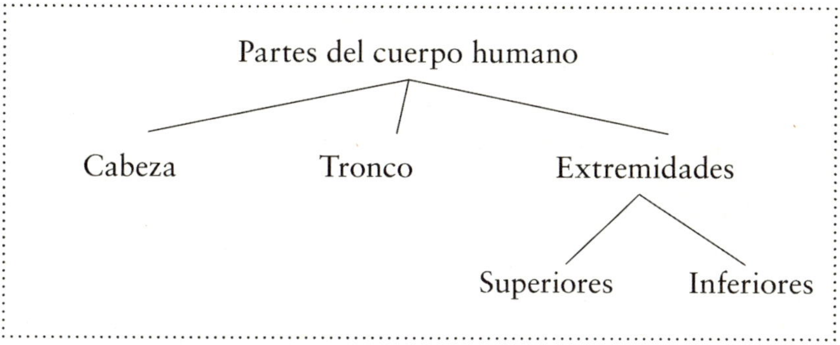

Diagrama Radial:

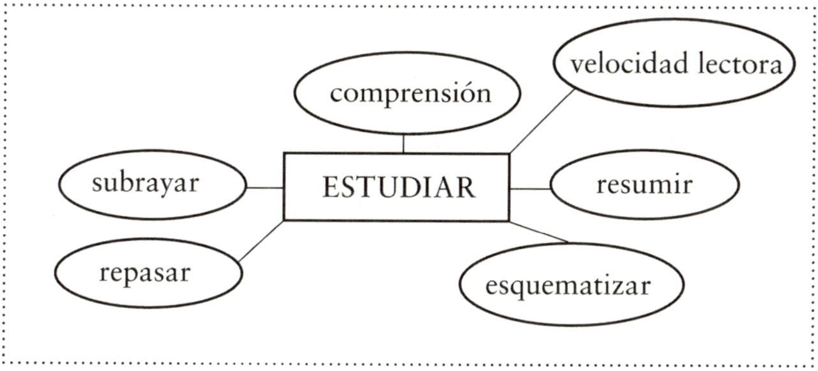

23

Resumir y comprender

Resumir es reunir con una brevedad aproximada de 5 líneas el contenido esencial de un texto o un gráfico.

Extensión

Después de muchos años de práctica docente, ayudando a interpretar a los alumnos textos y gráficos de los más diversos tipos, aconsejamos que el resumen tenga una extensión máxima de 5 líneas, con independencia del texto de origen. Sea el origen un párrafo o un libro entero, un buen resumen no requiere más de 5 líneas.

Proceso

Dos posibilidades:

A. Desde el esquema, unir sus partes siguiendo su misma estructura, eliminando las ideas de tercer orden.

Así, siguiendo en el ejemplo que pusimos en el capítulo *Esquematizar y analizar.* El resumen podría ser: «Las partes del cuerpo son tronco, cabeza y extremidades».

B. La otra posibilidad consistiría en:

1º Separar el texto en oraciones. Es muy fácil, porque cada oración acaba en un punto o puntoyaparte.

2º Escribir separadas con guiones y con las propias palabras —lo más coloquiales que se puedan—, el contenido de cada oración. Lo mismo, pero más brevemente y con las palabras de quien realiza el resumen o repetidas del texto si el lenguaje es muy sencillo. Cada oración en una sola línea siempre que sea posible.

3º Eliminar las ideas repetidas si las hubiera.

4º Unirlas con las conjunciones adecuadas, y si se duda, empleando la conjunción «y». Haciendo los reajustes que se quieran siempre que mejoren la síntesis —concreten y acorten el texto— y sean fieles al contenido.

Así, por ejemplo, sobre el siguiente texto de origen:

Hemos de educar a nuestros hijos con todo realismo en la presentación que hagamos de la vida. La verdad siempre hace menos daño que la mentira. La personalidad se prepara a dominar las emociones de la existencia ejercitándose en el afrontamiento de las situaciones nuevas y sufriendo sus privaciones, como se inmuniza de las enfermedades, sufriéndolas.

Los pasos que daríamos serían:

1º *Hemos de educar a nuestros hijos con todo realismo en la presentación que hagamos de la vida./ La verdad siempre hace menos daño que la mentira. / La personalidad se prepara a dominar las emociones de la existencia ejercitándose en el afrontamiento de las situaciones nuevas y sufriendo sus privaciones, como se inmuniza de las enfermedades, sufriéndolas.*

2º Hay que educar con realismo.
La verdad no hace tanto daño como la mentira.
La personalidad se prepara a dominar emociones, enfrentarse a las situaciones y a sufrir carencias.

3º No hay ideas repetidas

Por tanto, el resumen podría ser:

4º Hay que educar con realismo porque la verdad hace menos daño que la mentira y así la personalidad se ejercita.

24

Fichas de estudio personalizadas

Es preciso emplear, junto a los tradicionales métodos de estudio basados en la memorización de páginas o esquemas, una nueva forma de estudiar y repasar selectivamente, que permita evitar el cansancio y el sobreaprendizaje, aumentar la efectividad y aprovechar los pequeños ratos muertos para repasar de un modo cómodo. Este método es el de las fichas de estudio personalizadas... Estudiar a pequeñas dosis es un placer.

Una necesidad

A menudo el estudiante se engaña con el tiempo que estudia. Unas veces porque pretende estudiar dos horas seguidas, concentrado, y eso no es posible. Otras, porque no cuenta el tiempo en que se distrae o interrumpe el estudio. Hay por tanto que aprender a concentrarse e ir entrenándose poco a poco.

Primero, sabiendo cuánto sostiene cada uno la concentración al estudiar. Segundo, ir prorrogando muy poco a poco ese tiempo. Minuto a minuto. Para aprovechar cada minuto que uno se siente a estudiar, es preciso estudiar por fichas.

Las fichas

Octavillas. En el anverso de la ficha solo ha de figurar la pregunta y en el reverso, la respuesta.

Cada ficha solo tendrá un contenido y debe ser concreto. Se puede acompañar de dibujo. Si se trata de un esquema, éste puede ir en una ficha adicional.

Los temas tratados con fichas deben estar estratificados, de forma que cada parte de un tema no ocupe muchas fichas. Evitando así el cansancio.

Ventajas del estudio por fichas

— Evita la repetición innecesaria, al tiempo que, antes de un examen se conoce qué queda exactamente por repasar o aprender.
— Facilita la construcción de redes de aprendizaje y conocimiento.
— Favorece el aprendizaje lógico, ordenando los conceptos.
— Favorece la concentración.
— Elimina el sobreaprendizaje.
— Favorece el repaso.
— Ahorra tiempo y espacio.
— Permite aprender lo fundamental.
— Obliga al cerebro a funcionar de una manera idónea y natural, con lo que reduce considerablemente su trabajo.

Ejemplos:

Anverso

El ecosistema. 1	*Concepto*

¿Qué es el ecosistema?

Reverso

Es el conjunto de seres vivos e inertes que se encuentran en un mismo territorio y se relacionan entre sí.

Anverso

El ecosistema. 2

¿Cuáles son los elementos vivos de un ecosistema?

Reverso

Las plantas y la flora
Los animales y la fauna
Los microorganismos.

Los repasos

1. Se cogen las fichas correspondientes a un tema (en el ejemplo anterior: «El ecosistema»).
2. Se estudian las fichas una a una.
3. Se vuelven a poner en orden (por eso están enumeradas) y se autopregunta una a una el montón correspondiente al tema.
4. Cuando se ve la primera ficha –sin ver aún el reverso—, si ya se sabe, se pone al final del montón de fichas que uno tiene en la mano por estudiar. Cuando esta misma ficha le vuelve a llegar porque ya han pasado todas, si confirma que la sabe responder sin mirar el reverso, entonces la saca del montón de estudio. Si no, la pone de nuevo detrás. A la espera de la siguiente vuelta.
5. De esta forma, quedarán en la mano las que no se saben. Hasta que queden 6 u 8. Entonces se ponen con el anverso boca arriba y se colocan en dos filas paralelas:
6. Se barajan y se van autopreguntando. Si acierta con el reverso, se elimina del grupo hasta que no quede ninguna.
7. No obstante, estas seis últimas, aunque se lleguen a saber, como han presentado más dificultad, se dejan aparte, porque habrá que repesarlas en más momentos. Por ejemplo, al ir en autobús o esperar en la consulta del médico.
8. La idea es no estudiar lo que se sabe ya, sino repasar lo que se resiste. Y hacerlo de una forma selectiva.

Idiomas

Recordemos que en las fichas pueden aparecer dibujos, esquemas, cuadros cronológicos, etc. Para estudiar idiomas, en una ficha por el anverso se pondrían tres palabras de vocabulário y por el reverso la forma inglesa. Lo mismo se puede hacer con preguntas completas y expresiones. Una por ficha en este caso.

25

Tomar notas

Las notas son muy útiles en muy diversas situaciones. En función de ellas y de lo que pretendamos después con las notas. Así, entre otros, los tipos más comunes de notas son:

— Notas de palabras claves. Ejemplo:

Estudiar: Comprensión
Veloc. Lect.
Subryar
Esqmatizar
Rsumir
Rpasar

— Notas de pequeñas frases. Ejemplo:

Estudiar:
Comprender el texto
Leerlo velozmente

Subrayar lo importante
Saca un esquema de su contenido
Resumirlo en 5 líneas.
Repasarlo en los periodos críticos.

— Notas o apuntes: con abreviaturas. Ejemplo: Al est es nec 1° leerlo y comprndrlo, subryarlo, sacar un esq d su contenido, de éste un rsumen y luego rpasrlo hasta aprndrlo.

Márgenes, tipografía y epígrafes

Al tomar notas es importante aprovechar estos recursos:

— *Los márgenes:* A izquierda y derecha. Arriba y abajo. Suficientes para poder posteriormente hacer alguna anotación más que aclare o complemente lo anotado.

— *Tipografía y epígrafes:* Aunque al coger notas se cojan con un bolígrafo de un solo color, como es lo normal y más rápido. Al estudiar estas notas, deberán emplearse distintos tipos de letras según la importancia de los epígrafes, para que luego resulte más fácil memorizar el texto y comprender su graduación de importancia.

Por ejemplo, el título del tema en mayúscula mayor, el primer epígrafe en mayúscula menor, el segundo epígrafe en minúscula y subrayado, el resto normal. Empleando también resaltadores como asteriscos, puntos, sangrías:

LA REVOLUCIÓN FRANCESA:
Contexto histórico

En Francia: *mkmmmnbh nbhb jvgvnn bm bjhjbjknb jnnb nb nnb nbnmmkj njklkm b kjnm bnmlb...*
En el resto de Europa: *niwnjnrw nijnjw njnw njnrj oncwrnnwnclnlnlkncncrjncljwnjlnjlnncljwncjlncjlnc...*

Abreviaturas

Las notas son personales. Su fin es ser entendido por quien las toma. Condición que añadida a la de tener que tomarse con rapidez, hacen de las notas un texto personal y lleno de abreviaturas que basta que pueda codificar sin dudas, quien ha de estudiarlas.

Muchas fórmulas se repiten en los textos escritos y orales que se tiene que tomar en notas. Por ejemplo palabras que terminan en -ción, en -mente, en -dad..., palabras comunes según el texto y tema.

Quien ha de tomar apuntes ha de tener un código personal, familiar, de cuyo significado no dude, que le permita mayor velocidad al anotar.

Por ejemplo:

Ej.: ejemplo
Rz.: razón
Carac.: característica
Sent.: sentido
-M. (audazm.): -mente (audazmente)
X: por
Xq: porque
+: más
¿: duda
Adv: adverbio
Adj.: adjetivo
Ext.: exterior
Int.: Interno
D: de
Hta: hasta
Dsd: desde
= : igual
-(cali_) : -dad (calidad)
$: dinero
Tmp: tiempo
Etc.

26

La primera impresión

La primera impresión siempre cuenta. Y se ha de preparar a conciencia y empleando los recursos más efectivos que uno conozca, dado su alcance. A menudo es la puerta que abre una relación profesional o personal, o la puerta que las cierra.

Una entrevista de trabajo, una primera carta, la exposición del *curriculum vitae.* Ya sea oral o escrita, la primera impresión ha de cuidarse.

La presencia

Cuidar la presencia. Cómo acudir a esa primera impresión resulta determinante a veces.

Es cierto que a nadie se conoce en una primera impresión, pero también lo es que a muchas personas no hay ocasión de conocer, porque no superaron esa primera impresión y se esfumó la posibilidad de triunfar por no ser aceptado en una entrevista de trabajo, o no poder conocerse más personalmente.

Preparar esa primera impresión requiere cuidar la adecuación del vestuario, la limpieza, las posturas, los gestos, la forma de expresarse, dominar los nervios, saber enfatizar, sonreír, demostrar autoestima y humildad, demostrar preparación y disposición de aprender.

Si alguien, no obstante, piensa que es mejor ser natural, debería recordar, que cuando uno se juega mucho, la naturalidad es fruto de la educación y el ensayo. En toda exposición en público o entrevista, habrá que atenderse también a:

— Presentar como máximo tres ideas importantes y recurrentes.
— Repetirlas.
— Usar ejemplos y experiencias concretas en algunas afirmaciones.
— Emplear un uso coloquial del lenguaje. No pretender deslumbrar por una propiedad lingüística que suele acabar en pedantería.
— Disimular la extrañeza que se pueda sentir al escuchar alguna pregunta.

Por escrito

La primera impresión por escrito, dice aún más de nosotros. Por eso habría que observar las 10 reglas de oro de todo escrito que se presente, del tipo que sea:

1. *Márgenes*: Centímetro y medio de papel por arriba, abajo izquierda y derecha del texto.

2. *Caligrafía*:
    — Cada uno tiene su letra, pero esta debe ser siempre legible, es decir, que pueda leerse con facilidad. Que no se confundan letras.

— Que no sea demasiado pequeña.
— Que se escriban los trazos de todas las letras.
— Que no se empleen abreviaturas.
— Que se dirijan a una sola dirección. Vencidas ligeramente todas hacia la derecha o rectas, normalmente. No variar de caligrafía en un mismo texto.

3. *Horizontallidad*: líneas derechas, paralelas a los límites de arriba y abajo del papel.

4. *Limpieza*: Nunca tachar lo escrito. Si se ha de corregir, hacerlo con paréntesis y una sola línea sobre lo errado, no más. Por ejemplo: (~~error~~).

5. *Conectores:* Uso de conectores adecuados al inicio de cada párrafo. Si se empieza un párrafo por «*En primer lugar*», tiene que haber un «*En segundo lugar*», por ejemplo.

6. *Variedad de conjunciones.* No abusar de la «*y*», ni de «*pero*».

7. *Conocer las palabras* que se usan: variadas y adecuadas al contenido y situación.

8. *Que la forma del texto tenga coherencia* con su contenido y esté bien estructurado. Si se trata de plasmar una opinión, emplear el siguiente esquema:
   — Primer párrafo: la idea principal que se quiere transmitir.
   — Segundo párrafo: primer argumento que avala esa idea principal.
   — Tercer párrafo: segundo argumento, si lo hay.
   — Cuarto: tercer argumento, si lo hay. Nunca más de tres y siempre al menos uno.

— Quinto párrafo: la misma idea principal del primer párrafo, pero con palabras nuevas.

9. *El color:* En papel blanco, crema o gris. Con texto en negro o azul, lo más oscuro posible.

10. *En el momento y a la persona oportuna.*

27

Buena ortografía en 5 pasos y 3 meses

La ortografía cada vez es un valor más preciado y escaso. Es decisiva a menudo. Porque suele interpretarse como un gran valor que avala el contenido que se expresa.

Al tiempo, muchas personas escriben con llamativos errores ortográficos que desdicen extraordinariamente de la cultura, delicadeza y formación de quien escribe. Pero también de la fiabilidad del mismo para confiar en él aspectos importantes de otros. Un valor creciente en nuestra sociedad real, que afecta a mucho más de lo que suele pensarse.

Por ello, proponemos en pocos pasos un eficaz método nuevo. El Método FAR, en honor a las iniciales del psiquiatra infantil, el Dr.D. Francisco J. Alberca Rubio, experto en educación y neurología, que lo ideó; según este método:

— Todas las faltas de una persona podrían eliminarse para siempre en tres-cuatro meses de aplicación.
— No hay faltas más gordas que otras. Cada uno tiene sus

propias equivocaciones y por eso es preciso un método personal. Que se adapte a los errores que personalmente se tienen.

— Uno escribe correctamente cuando su memoria visual le recuerda cómo se escriben las palabras.
— Las reglas de ortografía no son la panacea. Son solo útiles a personas que no cometen muchas faltas. No es posible confirmar la escritura de cada palabra.
— Leer mucho ayuda, pero no es un método eficaz ni rápido. Hay personas sin faltas que apenas leen.

Aunque este método FAR tiene una aplicación en el aula para escolares, nos centraremos, en la aplicación personal. La más eficaz, por otra parte.

Primer paso: La lista 1.

Hacer un listado con las palabras que se vayan detectando en cualquier situación en las que hayan cometido errores ortográficos. A ese listado llamaremos Lista 1. Se escribirán en ella las palabras correctamente. En una columna y comenzándolas por minúscula, salvo que su ortografía exija lo contrario. También añadir a esa Lista 1 —bien escritas— aquellas palabras en las que se haya dudado su correcta escritura.

Antes de depositar una palabra en la Lista 1, han de escribirse en un papel tres veces cada una de ellas, correctamente, fijándose en los movimientos que hace la mano al escribirla y en cada una de sus letras.

Segundo paso: La lista 2.

Si se descubre al ir a ponerla en la Lista 1, que una palabra ya estaba en ella, se coloca en una Lista 2, a la derecha de la 1.

Con las palabras que se descubre mal escritas por segunda vez o más. Ejemplo:

LISTA 1	LISTA 2
panadería	hallar
Ángel	panadería
artículo	
hallar	
investigación	

Tercer paso: Algunas se resisten

Para reforzar la memoria visual, las palabras que estén en la Lista 1 (o solo en la 2, si en la 2 hay ya más de 100), se pondrán en un tarjetón (tamaño octavilla). Resaltando en rojo la grafía correcta donde se cometió el error. Tres palabras por cada cara.

geranio

conmigo

incógnita

Cuarto paso: Repasos sin esfuerzos

Las octavillas resultantes son muy manejables y pueden llevarse consigo para repasar las palabras que más se resisten. Haciéndolo con frecuencia en estos tres-cuatro meses de aplicación del método.

Quinto paso: El último

Si aún hay palabras que se resisten pese a los frecuentes repasos de las fichas (octavillas), entonces ha de realizarse con ellas unas nuevas fichas con dibujos mnemotécnicos. Que ayuden a grabar en la memoria visual su correcta ortografía.

28

El estrés y la relajación

El estrés en sí es bueno. Fruto de las emociones que lo conforman, nos lleva a cotas de esfuerzo, atención y acierto a las que no nos llevaría en la relajación.

No obstante, el que es malo es el llamado distrés. El estrés en exceso. Que nos hace caer en la ansiedad de estar haciendo algo con la mente puesta en lo que vendrá a continuación y aún no se ha empezado. Con sensación de no estar haciendo bien lo que se tiene entre manos, ni lo que se ansía empezar.

Precisamente la concentración es contraria al estado del popularmente llamado *estrés*.

Así puede aplicarse en multitud de ocasiones humanas aquel dicho español: *Vísteme despacio que tengo prisa.*

Es decir, hay que aprender a relajarse (*vísteme despacio*), precisamente cuando la presión es mucha, la ansiedad crece, hay mucho en juego y es urgente reaccionar sin fallar (*que tengo prisa*).

Hay que saber, además, que precisamente el cerebro para acertar en cuestiones complejas, con presión, requiere estar descansado y relajado. Tener fuerzas, azúcar, haber dormido, y no sentir la presión, aunque esta exista exteriormente.

Un deportista de élite sabe aislarse de la presión en el momento crucial. Sería imposible para él actuar con acierto si no lo hiciera. Si no apartara de su mente lo que hay en juego y cuánto desea ganar la partida.

A todos los estudiantes en el estudio y exámenes, y a todo ser humano en su vida, se le presenta frecuentes ocasiones en las que tiene contundentes razones para ponerse nervioso y le es vital mantener la calma.

De ahí la importancia de la relajación.

Más del 50% de la eficacia de los conocimientos que se adquirieron para un examen, se pierden a la hora de realizarlo, si se está nervioso.

El cerebro necesita estar descansado para asociar más ideas. Más descansado si ha de ser brillante, porque la brillantez surge cuando se sabe mucho o cuando no se encuentra exactamente la respuesta a una pregunta, y ha de buscarse en el baúl de lo que se pueda relacionar en la memoria. Pero para ello, el cerebro ha de estar en sus mejores condiciones y evitar interferencias.

Antes de cualquier prueba, por eso, es crucial aprender a relajarse.

Pero, sobre todo, lo es antes de cualquier estudio importante. Porque está demostrado que se aprende más fácil y rápidamente en el estado de relajación y concentración más profunda. El estado Alfa: de 8 a 13 ciclos de ondas cerebrales por segundo. En comparación con los 13 a 40 del estado Beta, donde se da el estrés.

Se actúa más, cuando se está estresado. Pero se aprende más, al estar relajado.

Cómo relajarse

Hay varias técnicas muy eficaces. Pero se necesita una que sea rápida y fácil de realizar, para poder aplicarse en momentos de urgencia. Al subirse a un avión y notar que uno se está poniendo nervioso. Justo antes de comenzar un examen, una oposición, una entrevista de trabajo, una conferencia, una intervención pública, etc.

Entre ellas, por lo pragmática y de rápida aplicación que resulta, se puede recomendar a todos los niños, adolescentes y adultos, el siguiente ejercicio de relajación, requiere solo de 3 a 5 minutos.

— Preparar todo lo necesario en la mesa para el estudio, examen o tarea.
— Evitar los ruidos en lo posible.
— Poner la habitación sin apenas luz. Si es posible.
— Aflojarse la ropa: cinturón, zapatos, botones....
— Echarse sobre el sofá o cama. O ponerse lo más cómodo posible.
— La columna vertebral recta.
— Los pies un poco separados.
— Los brazos separados del cuerpo.
— Respiración rítmica, profunda y lenta.
— Estirar el cuerpo, y desde la cabeza a los pies ir dejándolos completamente sueltos, sin presión, abandonados.
— Pensar lo que debemos estudiar o realizar a continuación.
— Cerrar los ojos.
— Respirar con calma. Despacio y rítmicamente.
— Imaginarse la descarga de tensión, de la contracción de todo el cuerpo empezando por la cabeza, el pelo, la frente, las cejas. Las mandíbulas se destensan, los pómulos de la cara, los músculos en torno a la boca. Los dientes dejan de apretarse o de sentirse.

— Ahora los hombros. Se bajan. Como si se desplomasen sobre donde se apoyan.
— Se sienten los brazos desplomados sobre la superficie donde están apoyados.
— Los glúteos se desploman reposando totalmente sobre el asiento.
— Las piernas y los pies apoyados en el suelo.
— Los brazos y antebrazos quedan, al igual que las manos, lánguidos y en reposo.
— No hay preocupaciones. Solo el cerebro descansando.
— Nada de lo que hay alrededor interesa.
— Imaginar el mar en calma y uno en la arena o sobre la toalla, sin sentir el peso de los brazos, piernas, ni el resto de cuerpo. Imaginar las olas rompiendo suavemente sobre la orilla. Rítmicamente.
— Cuando se note el descanso, sin tensión el cuerpo, imaginar una pizarra donde se apunta lo negativo y se va borrando una a una, sin prisa, cada anotación.
— Pensar en lo agradable que es ir al examen o tarea. Seguro de que saldrá mejor de lo que se cree.
— Pensar en lo agradable de la asignatura que hay que estudiar, y la satisfacción que tanto llenará superar aquella prueba.
— Ponerse a estudiar o hacer el examen, seguro de la victoria.

También pueden hacerse los ejercicios de relajación que se describieron en el capítulo 14, al hablar de cómo lograr una mayor atención.

29

Antes, durante y después de un examen importante

Un examen, una entrevista, una conferencia que dar, cualquier tipo de prueba en la que se tenga la sensación de jugarse mucho en su resultado, hay que prepararla, hacerla bien y saber aprovecharla como experiencia.

Antes

— Estudiar con tiempo suficiente para haber estudiado todo una vez y todo haberlo repasado dos veces al menos.
— Si el examen es importante, estudiar hasta la hora de cenar del día anterior. No después. Acostarse temprano y dormir al menos 8 horas.
— Pero si el examen tiene una dificultad e importancia extraordinaria (examen de oposiciones, intervenciones decisivas en público, Pruebas de Acceso a la Universidad, etc.) entonces se deberá dejar de estudiar al mediodía del día anterior y pasar la tarde víspera del examen de forma

relajada. Sin facilitar grandes datos al cerebro. Sin estudiar nada. Paseando, por ejemplo, estando con los amigos, en la piscina...

— Durante el estudio y antes del examen es conveniente visualizar la escena en la que uno se encontrará durante el ejercicio. Para intentar minimizar lo más posible el impacto de la nueva experiencia y el nerviosismo. A veces cuando una situación nos provoca estrés o ansiedad, es por su novedad. No la conocemos y nos da miedo fracasar en ella. Imaginársela —aunque no tengamos datos— es acercarse lo más que se puede a esa familiaridad.

— Nunca estudiar durante la hora antes de un examen. Hace al cerebro señalar caminos equivocados, dado el estrés y superficialidad con que en el cerebro remueve estos datos. Es algo así como remover la tierra de un estanque. El agua permanecerá limpia antes de un examen si su fondo permanece sedimentado en la memoria y no se remueve enturbiando el agua. Por mucho que caiga en el examen justo la pregunta que se está repasando una media hora antes. El cerebro funciona de forma que es él y no el ojo, el que ha de construir idea a idea, el examen. De manera clara y ordenada. Y su peor enemigo es el repaso nervioso de última hora.

Durante

— Intentar controlar los nervios. Haciendo el ejercicio de relajación del capítulo anterior. Con las circunstancias (postura, luz...) posibles.

— Saber que cuando se lee una pregunta, la primera impresión que se viene a la cabeza como respuesta correcta, aunque se dude, suele ser en verdad la correcta.

— Si se ha de elegir entre varias opciones, no olvidar que también la primera impresión es la correcta. Es normal al encontrar el primer o segundo obstáculo de la opción elegida, que se dude si no hubiera sido mejor otra opción. Es un engaño que provoca el nerviosismo del obstáculo que se tiene presente. En las otras opciones los obstáculos serían mayores.

— Terminar todas las preguntas.
— Calcular al inicio el tiempo proporcionado para toda la prueba y no excederse en una de las preguntas mucho más de lo que se haya previsto.
— Acordarse del dicho ya apuntado: «*Vísteme despacio que tengo prisa*». Ir con pasos medidos, pero sin detenerse.
— Cuidar la presentación oral o escrita, según sea el caso.
— Hacer un esquema mentalmente de la respuesta, antes de empezar a contestar.
— Si no se conoce la respuesta de un pregunta, pensar:

- Probablemente la conozca y ahora no me acuerdo.
- Me acordaré si estoy tranquilo.
- Y si no, he de estarlo de todos modos, al menos para poder asociar lo que sé de otras preguntas, con lo que creo que me preguntan en esta.
- Nunca dejarla en blanco, ni reconocer que uno no sabe nada. Porque siempre se puede deducir algo. Y no se sabe si el éxito del examen dependerá de la décima que se arranque a esa pregunta que no se sabía.
- Lo peor que se puede obtener es un 0. Y seguir viviendo. Mientras hay vida hay remedio y posibilidad de vuelta a empezar.

Después

Olvidarse del resultado hasta que salga. No es necesario confirmar errores. Tarde o temprano se sabrán. Si uno ha estudiado un examen, solo ha de hacerlo lo mejor que pueda. Ahí acaba su responsabilidad. Y ha de estar contento por tanto. Ha hecho lo que depende de él. Lo demás no es asunto suyo, sino del evaluador de la prueba. Que puede acertar o errar.

Cuando se conozca el resultado. Hay dos posibilidades. Si es bueno, descansar. Si es malo, descansar antes de tener que empezar a preparar la siguiente oportunidad.

30

Salud y estudio

Algunas autoridades piensan que el 45% de los estudiantes varones y el 60% de las mujeres, no hacen el ejercicio suficiente que mejoraría su rendimiento mental.

Al estudiar, es preciso planificar algún tipo de ejercicio que permita al individuo oxigenar su cerebro, estimularlo y distraerlo, para poder volver a concentrarse con óptimo rendimiento y eficacia. Como curiosidad, se podría tener en cuenta que, como indica H. Maddox:

Andar a 4 km/hora consume	250 calorías/hora
Correr	800 o más
Montar en bicicleta	700
Bailar	300
Golf	300
Tenis	400
Fútbol	500
Remar a velocidad de carrera	1000
Nadar	500 o más
Escalar	800

El sueño

Es preciso para que el cerebro rinda como puede, que esté descansado en las pruebas importantes. Dormir lo adecuado. Lo que tenemos acostumbrado para sentirnos descansados. Dormir poco es tentar demasiado al fracaso. En el mejor de los casos, el creebro no rendirá como podría. El sueño hace que el cuerpo:

— Elimine los productos tóxicos que se han acumulado durante el día,
— Que repare el desgaste de los tejidos y
— Que se renueven las energías.

Los animales a los que no se les deja dormir durante periodos largos, mueren. La pérdida de sueño prolongada forma parte de la técnica del lavado de cerebro.

El alcohol

El alcohol reduce todas las funciones psicológicas y el rendimiento general.

Incluso las dosis más pequeñas de alcohol ejercen un efecto reductor sobre el sistema nervioso central considerado como un todo, incluyendo el cerebro.

Una función importante de los centros superiores del cerebro consiste en contener la expresión de las emociones e impulsos, y poseer el control intelectual y la autocrítica. Uno de los efectos primeros del alcohol, es la destrucción de este control intelectual.

Después de unos tragos se tiene con frecuencia una sensación de bienestar, sentimientos de camaradería con respecto a los compañeros que beben, aumenta la confianza en sí mismo de forma ficticia, y se pierde la timidez. La lengua empieza a moverse con rapidez, se alardea más y se habla alto, se expresan libremente las inquinas mayores y los prejuicios.

Tras algunos tragos más, muchos terminan en un lloriqueo sentimental, explosión de ira y una incontinencia en el comportamiento sexual, al liberarse las emociones primarias del control cerebral normal.

Así, aunque a algunos bebedores les parezca estimulante debido a la pérdida de la autocrítica, el efecto real del alcohol consiste en reducir la mayoría de las funciones corporales y mentales.

El tabaco

Parece que la influencia inmediata del tabaco sobre el rendimiento del trabajo es pequeña. Una investigación norteamericana parece demostrar que los que no fuman son mejores estudiantes que los fumadores. Sin embargo, esta diferencia en el rendimiento no tiene, con toda probabilidad, nada que ver con el fumar como tal. Los fumadores tienden a ser más sociables que los no fumadores, y por ello quizá tengan mayor tendencia a descuidar su trabajo que los no fumadores.

La cafeína

La droga estimulante de la cafeína está en el té, café y el cacao. En dosis pequeñas y moderadas (de 65 a 260 mg), la cafeína mejora la mayoría de las actividades mentales. En grandes dosis, puede tener efectos deprimentes. Y a partir de los 400 mg suele perjudicar el sueño.

No aumenta la capacidad, pero hace que la persona esté más despierta, menos cansada y reaccione con mayor rapidez. Pero las grandes dosis, recordemos, perjudican el sueño y la relajación, que como vimos era realmente importante.

Efectos de otras drogas

Es un hecho que muchos utilizan sustancias y estupefacientes para —dicen— estudiar. Parece extraño que los estudiantes que necesitan más que otros, mantener la cabeza clara y preservar su intelecto, utilicen sustancias que perjudican la mente y el cuerpo, y que encima les crean adicción. El cannabis (*porro*), por ejemplo, es un depresor que retarda los tiempos de reacción, menoscaba la coordinación e induce a la somnolencia. Es tan peligroso como el alcohol para los conductores de vehículos. Al igual que el alcohol produce euforia, seguida de somnolencia. Sus efectos se multiplican cuando se consume con el alcohol, conduciendo a la agresividad y brutalidad.

Los derivados de la droga se acumulan en el cerebro, en los pulmones y en las células sexuales.

En resumen

El cuerpo y la mente están estrechamente relacionados y el estado corporal afecta a la eficiencia mental.

No hacer ejercicio diario o tomar drogas menoscaban las posibilidades de un cerebro que está diseñado para dar mucho más de sí.

31

Consejos para decidir los estudios

Un adolescente debería elegir cuanto antes la carrera a la que dedicará la mayor parte de su vida. Argumentos y madurez suele tener. Y tampoco se le asegura mucha más cuando empiece sus estudios universitarios o salida profesional.

Los padres deberían provocar las ocasiones que les permitan a los hijos descubrir su personalidad, ayudarles a conocer mejor las carreras y profesiones, favorecer la madurez, intercambiar información con el hijo y apoyarles en la medida de las posibilidades, una vez se decidan.

Deberían los padres saber que una adecuada ayuda en la orientación profesional de sus hijos pasa por no iniciarse unos meses antes de elegir la carrera o salida profesional, sino años antes.

Se trata de un proceso vital, no una elección ocasional. Que matizará sus actividades y relaciones personales el resto de su vida.

Han de elegir, dónde podrán ser felices. Dónde mejorarán. Dónde y cómo aportarán sus talentos a la sociedad.

En la elección no es determinante el índice de paro o trabajo actual, porque los índices cambian en los 4-6 años que el estudiante tarda en terminar su formación.

Tampoco han de tener en cuenta de forma determinante las asignaturas de la carrera. Puesto que los estudios universitarios duran muy pocos años en comparación con el resto de la vida laboral. Compuesta por la mayor parte de su vida.

Sí han de tener en cuenta las aptitudes, intereses, aspiraciones, motivaciones, capacidades personales, de trabajo y deesfuerzo.

Se buscan

Hoy en el mundo laboral se buscan profesionales novedosos, originales, flexibles, adaptables a continuos cambios, capaces de formar equipo, de trabajo, esfuerzo, optimismo, motivación. Lo más importantes resultan:

— Los conocimientos aplicados y la experiencia.
— La capacidad de trabajo en equipo, autocontrol, liderazgo, inteligencia emocional. Mucho más que las notas de una carrera.
— Y el afán por formarse. Aunque sea formándose en un título de un idioma desde que era pequeño, con lo que demuestra que se estaba formando desde niño y tomando en serio su formación y su vida. Para él y para los demás.

Parecerse algo a Albert Einstein, en definitiva.

30

Citas de Einstein. El genio dado por lerdo

Todos somos muy ignorantes. Lo que ocurre es que no todos ignoramos las mismas cosas.

Nunca consideres el estudio como una obligación, sino como una oportunidad para penetrar en el bello y maravilloso mundo del saber.

Si buscas resultados distintos, no hagas siempre lo mismo.

La vida es muy peligrosa. No por las personas que hacen el mal, sino por las que se sientan a ver lo que pasa.

Hay dos cosas infinitas: el Universo y la estupidez humana; y del Universo no estoy seguro.

Comienza a manifestarse la madurez cuando sentimos que nuestra preocupación es mayor por los demás que por nosotros mismos.

Vivimos en el mundo cuando amamos. Sólo una vida vivida para los demás merece la pena ser vivida.

Hay una fuerza motriz más poderosa que el vapor, la electricidad y la energía atómica: la voluntad.

Hay dos maneras de vivir su vida: una como si nada es un milagro, la otra es como si todo es un milagro.

No podemos resolver problemas pensando de la misma manera que cuando los creamos.

El que no posee el don de maravillarse ni de entusiasmarse más le valdría estar muerto, porque sus ojos están cerrados.

Intenta no volverte un hombre de éxito, sino volverte un hombre de valor.

El hombre encuentra a Dios detrás de cada puerta que la ciencia logra abrir.

Cuando me preguntaron sobre algún arma capaz de contrarrestar el poder de la bomba atómica yo sugerí la mejor de todas: La paz.

El mundo no está en peligro por las malas personas sino por aquellas que permiten la maldad.

Cada día sabemos más y entendemos menos.

En los momentos de crisis, sólo la imaginación es más importante que el conocimiento.

El azar no existe; Dios no juega a los dados.

¡Triste época la nuestra! Es más fácil desintegrar un átomo que un prejuicio.

Si tu intención es describir la verdad, hazlo con sencillez y la elegancia déjasela al sastre.

Una velada en que todos los presentes estén absolutamente de acuerdo es una velada perdida.

Los ideales que iluminan mi camino y una y otra vez me han dado coraje para enfrentar la vida con alegría han sido: la amabilidad, la belleza y la verdad.

El misterio es la cosa más bonita que podemos experimentar. Es la fuente de todo arte y ciencia verdaderos.

¿Por qué esta magnífica tecnología científica, que ahorra trabajo y nos hace la vida mas fácil, nos aporta tan poca felicidad? La repuesta es esta, simplemente: porque aún no hemos aprendido a usarla con tino.

El problema del hombre no está en la bomba atómica, sino en su corazón.

Dar ejemplo no es la principal manera de influir sobre los demás; es la única manera.

Si mi teoría de la relatividad es exacta, los alemanes dirán que soy alemán y los franceses que soy ciudadano del mundo. Pero si no, los franceses dirán que soy alemán, y los alemanes que soy judío.

No entiendes realmente algo a menos que seas capaz de explicárselo a tu abuela.

El amor por la fuerza nada vale, la fuerza sin amor es energía gastada en vano.

No guardes nunca en la cabeza aquello que te quepa en un bolsillo.

Solamente una vida dedicada a los demás merece ser vivida.

Estoy absolutamente convencido que ninguna riqueza del mundo puede ayudar a que progrese la humanidad. El mundo necesita paz permanente y buena voluntad perdurable.

Las proposiciones matemáticas, en cuanto tienen que ver con la realidad, no son ciertas; y en cuanto que son ciertas, no tienen nada que ver con la realidad.

Educación es lo que queda después de olvidar lo que se ha aprendido en la escuela.

La alegría de ver y entender es el más perfecto don de la naturaleza.

La debilidad de actitud se vuelve debilidad de carácter.

La palabra progreso no tiene ningún sentido mientras haya niños infelices.

La diferencia entre el pasado, el presente y el futuro es sólo una ilusión persistente.

¿Qué sabe el pez del agua donde nada toda su vida?

Si no puedo dibujarlo, es que no lo entiendo.

Quien crea que su propia vida y la de sus semejantes está privada de significado no es sólo infeliz, sino que apenas es capaz de vivir.

El nacionalismo es una enfermedad infantil. Es el sarampión de la humanidad.

La vida es hermosa, vivirla no es una casualidad.

La mayoría de las ideas fundamentales de la ciencia son esencialmente sencillas y, por regla general pueden ser expresadas en un lenguaje comprensible para todos.

La formulación de un problema, es más importante que su solución.

Tendremos el destino que nos hayamos merecido.

Si no chocamos contra la razón nunca llegaremos a nada.

Se debe hacer todo tan sencillo como sea posible, pero no más sencillo.

Dios es sofisticado, pero no malévolo.

En el pensamiento científico siempre están presentes elementos de poesía. La ciencia y la música actual exigen de un proceso de pensamiento homogéneo.

La libertad política implica la libertad de expresar la opinión política que uno tenga, oralmente o por escrito, y un respeto tolerante hacia cualquier otra opinión individual.

Los conceptos y principios fundamentales de la ciencia son invenciones libres del espíritu humano.

Cualquier loco inteligente puede agrandar las cosas, hacerlas más grandes y complejas, y más violentas. Solamente se necesita un toque de genialidad —y mucho coraje— para moverse en la dirección opuesta.

La imaginación es más importante que el conocimiento.

La gravedad no es la causante de que las personas caigan enamoradas.

Quisiera conocer los pensamientos de Dios; el resto son detalles.

La realidad es una mera ilusión, aunque una muy persistente.

Una persona comienza a vivir, cuando puede vivir fuera de sí mismo.

Quien no ha cometido nunca un error, nunca ha tratado nada nuevo.

Los grandes espíritus han encontrado oposición violenta muy a menudo de parte de mentes mediocres.

El secreto de la creatividad es saber esconder las fuentes de recursos.

Dios no se preocupa por problemas matemáticos. Integra todo empíricamente.

El progreso tecnológico es como un hacha en manos de un criminal patológico.

La paz no puede mantenerse por la fuerza. Solamente puede alcanzarse por medio del entendimiento.

No podemos solucionar problemas usando el mismo razonamiento que usamos cuando los creamos.

No se preocupen por las dificultades en matemáticas. Puedo asegurarles que las mías son mayores.
Si A significa un éxito en la vida, entonces A equivale a x más y más z. El trabajo es x; y es juego, y z es mantener la boca cerrada.

No, este truco no va a funcionar... Cómo vas a explicar en términos químicos y físicos un fenómeno biológico tan importante como el primer amor.

La liberación del poder atómico ha cambiado todo excepto nuestra forma de pensar... la solución a este problema yace en el corazón de la humanidad. Si hubiera sabido, me hubiese dedicado a ser fabricante de relojes.

Uno tiene que aprenderse todas las cosas en la mente para los exámenes, sea que le gustan o no. Esto tuvo un efecto tan deteriorante en mí que luego que aprobé el último examen, encontré considerar cada problema científico que se me presentaba como detestable durante un año.

Uno de los más fuertes motivos que llevan al hombre al arte y a las ciencias es escapar de la vida cotidiana con su crudeza y miedos, de los deseos propios de cada uno. Una naturaleza sabia desea escapar de la vida personal al mundo del pensamiento y la percepción objetiva.

No todo lo que cuenta puede ser contado, y no todo lo que puede ser contado cuenta.
(Cartel colgante en la oficina de Einstein en Princeton)

OTROS TÍTULOS DEL AUTOR

Todos queremos lo mejor para nuestros hijos, y lo mejor es que sean felices. Su felicidad en gran parte está en nuestro acierto como padres; pero, ¿sabemos cómo conseguirlo?

Este libro da las cuatro claves que permitirán a su hijo ser feliz y señala cómo ponerlas en práctica eficazmente en cuestiones tan cotidianas como aprovechar y disfrutar con ilusión y familiarmente los cumpleaños, Reyes Magos y otros acontecimientos; aprender a aceptar las consecuencias de cada decisión, enseñarle a superar obstáculos, enseñarles a sentirse realmente queridos, aprendiendo también cómo amar de verdad.

Con estas cuatro claves, nuestros hijos podrán ser felices, ahora y más al ir creciendo, madurando y comprendiendo la complejidad de su vida, el mundo y las relaciones interpersonales. Sin duda, este libro nos ayudará a comprender cómo podemos facilitar de una forma práctica y verdaderamente eficaz la felicidad de nuestros hijos.

«Algunos creen que la felicidad de sus hijos es cuestión de suerte; o de dinero (confundidos por el hecho de que el dinero aunque no dé la felicidad, sí compra muchas posibilidades en una sociedad consumista como la nuestra). Otros pueden creer que la felicidad en realidad simplemente no es posible. ¿Tampoco para nuestros hijos? Esta guía le enseñará que sí.»

Todos queremos lo mejor para nuestros hijos, y lo mejor es que sean felices.
Este libro le ayudará a conseguirlo.

FERNANDO ALBERCA

Cuatro claves para que tu hijo sea feliz

Todos queremos lo mejor para nuestros hijos, y lo mejor es que sean felices.
Este libro le ayudará a conseguirlo.

TODOS LOS PADRES quisieran ser recordados como buenos padres. Pero, objetivamente, muchos encuentran hoy grandes dificultades para lograr esa aspiración. Con todo, esa tarea puede aprenderse. Ésta es una eficaz guía para lograrlo, conquistando así la mejora y la felicidad de todos: padres, hijos, familia y sociedad.

Este libro explica cómo lograr convertirse en buenos padres desde el primer día. Para ello se abordan aquellas ocasiones únicas que todo progenitor debe aprovechar, tales como el embarazo o los tres primeros días desde el nacimiento; la relación singular que se forja entre madre e hijo; los más eficaces ejercicios para bebés; cómo saber si un bebé es maduro o inmaduro; consejos para elegir los juguetes; cómo contribuir a la adaptación social de los hijos; el papel de los abuelos y otros educadores; cómo deben combinarse hoy la autoridad y la flexibilidad; cómo pueden los padres gobernar los celos de sus hijos, las pataletas y otros pulsos de conducta con los padres; cómo hablar con los hijos y lograr que se comuniquen a tiempo; cómo deben comunicarse noticias desagradables, tales como la separación o la muerte; cómo y cuándo hablar de sexo; cómo estar alerta durante la compleja edad escolar; la relación entre afectividad y éxito escolar, la creación de un ambiente familiar feliz o los veinte pilares de la buena educación, entre otras claves.

Un libro que sin duda resultará de gran utilidad para todo aquél que sea padre o madre, y que muy probablemente se convertirá en libro de cabecera en la tarea cada vez más compleja de ser buenos padres.

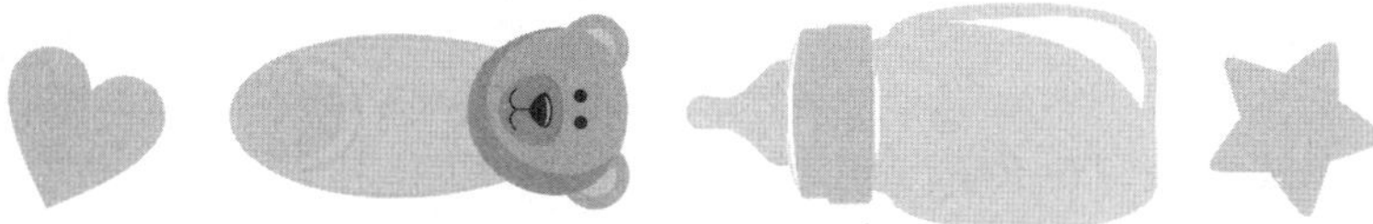

FERNANDO ALBERCA

Guía para ser buenos padres

El libro de cabecera para poder conquistar la **mejora** y la **felicidad** de **nuestros hijos**... y la nuestra propia